Martin Luther

Gebetbuch

Sämtliche Gebete Martin Luthers in einem Band.

Martin Luther

Gebetbuch

Sämtliche Gebete Martin Luthers
in einem Band.

Impressum:
© 2016 Matthias Wagner
Herstellung und Verlag: BoD – Books on Demand, Norderstedt
ISBN: 978-3-74311-301-5

Zum Geleit.

In diesem Buch sind erstmals seit rund 150 Jahren wieder sämtliche Gebete Martin Luthers vereint.
Diese wurden nach Themen sortiert, damit leicht zu jedem Anlaß ein passendes Gebet gefunden werden kann. Die wunderschöne Sprache Luthers wurde in dieser Ausgabe möglichst unberührt gelassen, ebenso wurde auf ein größeres Vorwort über das Beten an sich verzichtet, da Martin Luther darüber bereits in seiner unnachahmlichen Weise geschrieben hat.

Der Herausgeber.

Wie man beten soll, für Meister Peter, Balbierer.
(Auszug.)

Lieber Meister Peter, ich geb's euch so gut, als ich's habe, und wie ich selber mich mit beten halte. Unser Herr Gott geb es euch und jedermann besser zu machen. Amen.

Erstlich, wenn ich fühle, daß ich durch fremde Geschäft oder Gedanken bin kalt und unlustig zu beten worden, (wie denn das Fleisch und der Teufel allwege das Gebet wehren und hindern) nehme ich mein Psälterlein, laufe in die Kammer; oder, so es der Tag und Zeit ist, in die Kirchen zum Haufen, und hebe an die zehen Gebot, den Glauben, und darnach ich Zeit habe, etliche Sprüche Christi, Pauli oder Psalmen, mündlich bei mir selbst zu sprechen, allerding wie die Kinder tun. Darum ist's gut, daß man frühe Morgens lasse das Gebet das erste, und des Abends das letzte Werk sein, und hüte sich mit Fleiß vor diesen falschen betrüglichen Gedanken, die da sagen: harre ein wenig, über eine Stunde will ich beten. Ich muß dies oder das zuvor fertigen, denn mit solchen Gedanken kommt man vom Gebet in die Geschäfte, die halten und umfangen denn einen, daß aus dem Gebet des Tages nichts wird.

Und wiewohl etliche Werk vorfallen können, die so gut oder besser, denn das Gebet sind, sonderlich wenn sie die Not fordert; also gehet ein Spruch unter St. Hieronymi Namen: alle Werk der Gläubigen ist Gebet; und ein Sprichwort: wer treulich arbeitet, der betet zwiefältig; welch's muß aus diesem Grunde geredt sein, daß ein gläubiger Mensch in seiner Arbeit Gott fürchtet und ehret, und an sein Gebot denkt. Damit er niemand unrecht tun, noch stehlen, oder übernehmen, oder veruntreuen wölle, und solche Gedanken und Glaube machen ohn Zweifel aus seinem Werk ein Gebet und Lobopfer dazu. Wiederum, muß dagegen auch die Wahrheit sein, daß eines Ungläubigen Werk eitel Fluchen sei, und wer untreulich arbeitet, der fluchet zwiefältig; denn seines Herzen Gedanken müssen in seiner Arbeit also stehen, daß er Gott verachte, und sein Gebot übertreten, und seinem Nächsten Unrecht zu tun, stehlen und veruntreuen gedenke. Solche Gedanken was sind anders, denn eitel Flüche wider Gott und den Menschen, dadurch sein Werk und Arbeit auch zwiefältiger Fluch wird, damit er sich selbst verfluchet, und das bleiben auch endlich Bettler und Humpler. Von diesem stetigen Gebet saget freilich Christus Luk. 11, 11: man soll ohn Unterlaß beten. Denn man soll ohn Unterlaß sich vor Sünden und Unrecht hüten, welch's nicht kann geschehen, wo man Gott nicht fürchtet und sein Gebot vor Augen hat, wie Ps. 1, 2 sagt: wohl dem, der Tag und Nacht denkt an Gottes Gebot etc.

Doch muß man auch drauf sehen, daß wir nicht uns von rechtem Gebet gewöhnen, und deuten uns zuletzt selbst nötige Werk, die es doch nicht sind, und werden dadurch zuletzt lasch und faul, kalt und überdrüssig zum Gebet. Denn der Teufel ist nicht faul noch lasch um uns her, so ist unser Fleisch noch allzu lebendig und frisch zur Sünden, und wider den

Geist des Gebets geneigt. Wenn nun das Herz durch solch mündlich Gespräch erwärmt und zu sich selbst kommen ist, so knie nieder, oder stehe mit gefaltenen Händen und Augen gen Himmel, und sprich, oder denke auf's kürzest du kannst...[1]

...Auch sollst du wissen, daß ich nicht will diese Wort alle im Gebet gesprochen haben; denn da würde doch zuletzt ein Geplapper, und eitel ledig Gewäsch aus, aus dem Buch oder Buchstaben daher gelesen, wie die Rosenkränze bei den Laien, und die Gebet der Pfaffen und Mönche gewest sind: sondern ich will das Herz damit gereizt und unterricht't haben, was es für Gedanken im Vater Unser fassen soll. Solche Gedanken aber kann das Herz (wenn's recht erwarmt und zu beten lustig ist) wohl mit viel andern Worten, auch wohl mit wenigern oder mehr Worten aussprechen; denn ich auch selber mich an solche Wort und Silben nicht binde, sondern heute so, morgen sonst, die Wort spreche, darnach ich warm und lustig bin. Bleibe doch, so nahe ich immer kann, gleichwohl bei denselben Gedanken und Sinn; kommt wohl oft, daß ich in einem Stücke oder Bitte in so reiche Gedanken spazieren komme, daß ich die andern sechs lasse alle anstehen. Und wenn auch solche reiche gute Gedanken kommen, so soll man die andern Gebete fahren lassen, und solchen Gedanken Raum geben, und mit Stille zuhören, und beileibe nicht hindern, denn da predigt der heilige

---

[1] Es folgt die Auslegung des *Vater unser* mit Gebeten zu jeder Bitte. Diese Auslegung ist im Gebetbuch unter Nr. 165-172. zu finden.

Geist selber. Und seiner Predigt ein Wort, ist weit besser, denn unser Gebet tausend. Und ich habe auch also oft mehr gelernet in einem Gebet, weder ich aus viel lesen und dichten hätte kriegen können.

Darum liegt die größeste Macht daran, daß sich das Herz zum Gebete ledig und lustig mache, wie auch der Prediger Kap. 4, 17 sagt: bereite dein Herz vor dem Gebete, auf daß du nicht Gotte versuchest; was ist's anders, denn Gott versuchen, wenn das Maul plappert, und das Herz anderswo zerstreuet ist? Wie jener Pfaff betete auf die Weis': *Deus in adjutorium meum intende;* Knecht hast du ausgespannt? *Domine ad adjuvandum me festina;* Magd gehe, melke die Kühe, *Gloria patri et filio et spiritui sancto;* lauf Bube, daß dich der Ritt schütte etc. Welcher Gebete ich mein Tage im Papsttum viel gehöret und erfahren habe, und sind fast alle ihr Gebet der Art. Damit wird Gottes nur gespottet, und wäre besser, sie spieleten dafür, wenn sie ja nicht bessers tun könnten oder wollten. Denn ich hab selbst solcher *horas canonicas* mein Tage viel gebet't, leider, daß der Psalm oder Gezeit aus war, ehe ich gewahr ward, ob ich angefangen oder im Mittel wäre.

Und wiewohl sie nicht alle so herausfahren, mündlich, wie obgenannter Pfaff, die Geschäft und Gebet unternander werfen; so tun sie doch im Herzen mit den Gedanken also: werfen das 100 ins 1000, und wenn's aus ist, wissen sie nicht, was sie gemacht, oder wo sie herdurch kommen sind. Heben an *Laudate,* flugs sind sie im Schlauraffenland; daß ichs dafür halte: es sollt kein lächerlicher Gaukelspiel jemand vorkommen mögen, denn so er sehen möcht die Gedanken, so ein kalt, unandächtig Herz im Gebet unternander treibt. Aber nu sehe ich, Gottlob wohl, daß nicht fein gebet't ist, so einer vergisset, was er geredt hat. Denn ein recht Gebet gedenkt gar fein aller Wort und Gedanken, von Anfang bis zu Ende des Gebets.

Gleich als ein guter fleißiger Balbierer muß seine Gedanken, Sinn und Augen, gar genau auf das Schermesser und auf die Haar richten, und nicht vergessen, wo er sei im Strich oder Schnitt; wo er aber zugleich will viel plaudern, oder anderswo hin denken oder gucken, sollt er wohl einem Maul und Nasen, die Kehle dazu abschneiden. Also gar will ein jeglich Ding, so es wohl gemacht soll werden, den Menschen ganz haben, mit allen Sinnen und Gliedern, wie man spricht: *Pluribus intentus, minor est ad singula sensus:* wer mancherlei denkt, der denkt nichts, machet auch nichts Guts; wie vielmehr will das Gebet das Herz einig, ganz und allein haben, soll's anders ein gut Gebet sein.

Das ist kurz vom Vater unser oder Gebet gesagt, wie ich selb's zu beten pflege; denn ich noch heutigs Tages an dem *Pater noster* sauge, wie ein Kind, trinke und esse, wie ein alt Mensche, kann sein nicht satt werden, und ist mir auch über den Psalter (den ich doch sehr lieb habe) das allerbeste Gebete. Fürwahr, es findet sich, daß es der rechte Meister gestellet und gelehret hat, und ist Jammer über Jammer, daß solch Gebet solch's Meisters soll also ohn alle Andacht zuplappert und zuklappert werden in aller Welt. Viel beten das Jahrs vielleicht etlich 1000 *Pater noster*, und wenn sie 1000 Jahr also sollten beten, so hätten sie doch nicht einen Buchstaben oder Titel davon geschmeckt, noch gebetet. Summa, das *Pater noster* ist der größeste Märtyrer (sowohl als der Name und Wort Gottes) auf Erden, denn jedermann plagt's und mißbraucht's: wenig trösten's und machen's fröhlich im rechten Brauch...[2]

---

[2] Es folgen hier die Auslegungen der 10 Gebote und des Glaubens. Im Gebetbuch zu finden unter den Nummern 151-162.

1.
Um wahre Andacht.

Herr, weil du willst und heißest, daß ich beten und zu dir kommen soll, so will ich kommen, und zu beten genug bringen, und eben das, was mich am meisten hindert und von dir zurücktreibt, welches ist meine Sünde, die mir auf dem Halse liegt und drücket, daß du dieselbe von mir nehmen und vergeben wollest, um Christi willen. Amen.

2.
Ein anderes Gebet um wahre Andacht.

Lieber Herr Gott! O daß wir so fleißig wären zu beten, zum wenigsten mit Seufzen des Herzens, als du bist mit Reizen, Locken und Gebieten, Verheißen und Nötigen zum Gebet! Ach wir sind faul und undankbar, das vergib du uns, lieber Herr, und stärke uns den Glauben. Amen.

3.
Um rechte Würdigkeit zu beten.

Herr, es ist deine Ehre und dein Gottesdienst, dadurch du gerühmt wirst, daß ich vor dir bettle; darum, lieber Herr, siehe nicht an, daß ich so unwürdig bin, sondern daß ich deiner Hilfe notdürftig bin, und du der rechte einige Nothelfer bist aller Sünder. Darum dir geschiehts zu Ehren, daß ich dich anrufe; so kann ich deiner Hilfe nicht entraten, und du kannst und willst geben denen, die dich bitten. Amen. Amen.

4.
Um rechte Würdigkeit.

Lieber Herr! Ich soll und will beten auf dein Gebot und Verheißung; kann ich's nicht gut machen, und nicht taugt noch gilt in meinem Namen, so laß es gelten und gut sein in meines Herrn Christi Namen. Amen.

5.
Danksagung, daß uns Gott zum Gebet würdig macht.

Ich weiß gar wohl, o gnädiger Gott, daß ich ein unwürdiger Mensch bin, und würdig des Teufels, nicht Christi noch seiner Heiligen, Bruder zu sein; nun aber hat Christus solches gesagt, daß ich, als für den er gestorben und auferstanden ist, sowohl als für St. Petrum, welcher auch mir gleich ein Sünder gewesen, sein Bruder sei; und will solches ernstlich von mir haben, daß ich ihm glauben soll ohne alles Zweifeln und Wanken, und nicht ansehen noch achten, daß ich unwürdig und voller Sünden bin; weil er es selbst nicht will ansehen noch gedenken, wie er doch billig tun könnte, und Ursach genug hätte zu rächen und zu strafen, sondern ist alles vergessen und aus seinem Herzen getilgt, ja tot, zugescharret und begraben: warum wollte ich es denn nicht also sein lassen, und meinem lieben Herrn nicht von Herzen dafür danken, loben und lieben, daß er so gnädig und barmherzig ist? Amen.

6.
Trostgebet wider alle Sünde und Unwürdigkeit.

Ich sei, wer ich wolle, so frage ich nichts danach; denn ob ich gleich ein Sünder bin, so weiß ich doch, daß darum mein Herr Christus nicht ein Sünder ist, sondern er bleibt gerecht und gnädig. Darum will ich getrost zu ihm rufen und schreien, und mich sonst an nichts kehren, denn ich habe jetzt nicht Weile zu disputieren, ob ich erwählet sei oder nicht; das aber fühle ich, daß ich Hilfe bedarf, komme derhalben und suche sie in aller Demut. Lieber Gott, das Kananäische Weiblein war eine Heidin, konnte derhalben, ja sie mußte wohl schließen, sie wäre nicht erwählet. Tritt sie nun vor den Herrn Jesum, und läßt solchen Gedanken am Gebet sich nicht hindern, so tue ich auch also und spreche: Herr, ich komme jetzt, und muß dies und anders haben; wo will ich's sonst nehmen oder suchen, denn bei dir im Himmel, durch deinen Sohn, meinen Erlöser, Christum Jesum. Amen.

7.
Gebet auf Gottes Befehl und Verheißung.

Lieber Herr, du weißt, daß ich ja nicht von mir selbst und aus eigenem Vermessen, noch auf meine Würdigkeit vor dich komme; denn so ich das wollte ansehen, so dürfte ich die Augen nicht vor dir aufheben, und wüßte nicht, wie ich anfahen sollte zu beten; sondern darauf komme ich, daß du selbst geboten hast, und ernstlich forderst, daß wir dich sollen anrufen, und auch Verheißung zugesagt hast, dazu deinen eigenen Sohn gesandt, der uns gelehret, was wir beten sollen, und die Worte vorgesprochen hat; darum weiß ich, daß dir solch Gebet gefällt, und mein Vermessen, daß ich mich Gottes Kind vor dir rühmen darf, scheine wie groß es wolle, so muß ich dir gehorsam sein, der du es so haben willst, damit ich dich nicht Lügen strafe, und mich über andere Sünde noch schwerer gegen dich versündige, beides mit Verachtung deines Gebots und Unglauben an deine Verheißung.

8.
Ein anderes Gebet auf Gottes Befehl und Verheißung.

Mein Gott, du hast geboten, zu bitten und zu glauben, die Bitte werde erhöret; darauf bitte ich und verlasse mich, du wirst mich nicht lassen und mir einen rechten Glauben geben. Amen.

9.
Noch ein anders Gebet auf Gottes Befehl und Verheißung.

Herr, da ist Jammer und Unglück, das mich drücket und dränget; deß wäre ich gern los; so hast du gesagt: Bittet, so werdet ihr nehmen; das sind deine Worte, darauf komme ich und bitte.

10.
Versicherung der Erhörung um Christi willen.

O Gott, ein Schöpfer Himmels und der Erden, der du deinen Sohn, Jesum Christum, für mich in die Welt gesandt hast, daß er für mich gekreuzigt würde, stürbe, und am dritten Tage wieder auferstünde, gen Himmel führe, daß er da sollte sitzen zu deiner Rechten, und Alles in seiner Hand halten, uns seinen Geist senden, daß wir sollten warten auf seine Zukunft, zu richten beide, Lebendige und Tote, und also mit ihm erlangen das ewige Reich, unser Erbteil, das du uns durch ihn geben willst. Dazu, o Herr Gott, hast du uns gegeben und eingesetzt die Taufe, und das Sakrament des Leibes und Blutes deines Sohnes, denn an diese seine Sakramente hat er uns Christen gebunden, und sich uns darin geoffenbaret. So wir ihn da ergreifen, so haben wir ihn gewißlich getroffen. Das Andere aber alles, das uns nicht befohlen ist, sollen wir fahren lassen; denn wir würden sonst sein weit fehlen.

11.
Um gnädige Erhörung.

Vater im Himmel, ich weiß, daß du mich lieb hast, darum daß ich deinen Sohn, meinen Erlöser Jesum Christum lieb habe. In solchem Vertrauen und Zuversicht will ich dich jetzt tröstlich bitten, du wollest mich erhören, und mir geben, was ich bitte, nicht daß ich so heilig und fromm sei, sondern daß ich weiß, daß du um deines Sohnes Christi Jesu willen gern uns alles geben und schenken willst. In desselben Namen trete ich jetzt vor dich, und bitte und zweifle gar nicht, solch Gebet - ich sei, meiner Person halber, wer ich wolle - sei Ja und gewiß erhöret. Amen.

12.
Um gnädige Erhörung.

Mein Gott, meine Hoffnung wirst du nicht lassen, du wirst meinem Begehr wohl antworten und genug tun. Mir gebühret, zu bitten und warten dein und deiner Gnaden; dein ist's aber, daß du mich erhörest und meiner Hoffnung genug tust, darum erhöre mich! Amen.

13.
Ein kurzer Seufzer.

Hier komme ich, lieber Vater, und bitte nicht aus meinem Vornehmen, noch aus eigner Würdigkeit, sondern auf dein Gebot und Verheißung, so mir nicht fehlen noch lügen kann. Amen.

14.
Gebet in Christi Namen.

Herr Gott himmlischer Vater, ich bitte, und will's unversagt haben, daß es solle und müsse Ja und Amen sein, deß und kein anderes; sonst will ich nicht beten noch gebeten haben; nicht daß ich's Recht habe, oder würdig sei; ich weiß wohl und bekenne, daß ich's nicht verdienet, ja das höllische Feuer und deinen Zorn mit vielen großen Sünden verdient habe, sondern daß ich doch hierin ein wenig gehorsam sei, da du mich heißest und zwingest zu beten im Namen deines lieben Sohnes, unsers Herrn Jesu Christi. Auf diesen Trotz und Trost deiner grundlosen Güte, nicht auf meine Gerechtigkeit, knie oder trete ich vor dich und bete.

15.
Vor dem Vater Unser.

Ach himmlischer Vater, du lieber Gott, ich bin ein unwürdiger, armer Sünder, nicht wert, daß ich meine Augen oder Hände gegen dich aufhebe oder bete. Aber weil du uns Allen hast geboten zu beten, und dazu auch Erhörung verheißen, und überdas selbst uns beides Wort und Weise gelehret durch deinen lieben Sohn, unsern Herrn Jesum Christ, so komme ich auf solch dein Gebot, dir gehorsam zu sein, und

verlasse mich auf deine gnädige Verheißung, und im Namen meines Herrn Jesu Christi bete ich mit allen deinen heiligen Christen auf Erden, wie er mich gelehret hat:
Vater unser, der du bist im Himmel, geheiliget werde dein Name, dein Reich komme, dein Wille geschehe, wie im Himmel also auch auf Erden, unser täglich Brot gib uns heute, und vergib uns unsere Schuld, als wir vergeben unsern Schuldigern, und führe uns nicht in Versuchung, sondern erlöse uns von dem Übel; denn dein ist das Reich, und die Kraft, und die Herrlichkeit, in Ewigkeit. Amen.

16.
Täglicher Seufzer zur heiligen Dreifaltigkeit.

Ach Gott Vater, gib uns gnädig, was zu Leib und Leben gehöret! Ach du Sohn Gottes, hilf uns von Sünden, sei uns gnädig, und gib uns deinen Geist! Ach Gott Heiliger Geist, heile, tröste und stärke uns wider den Teufel, und gib uns endlich Sieg und die Auferweckung vom Tode. Amen.

17.
Morgen-Segen.

Des Morgens, so du aus deinem Bette fährest, sollst du dich segnen mit dem heiligen Kreuz, und sagen: Das walt Gott Vater, Sohn und hl. Geist. Amen.

Darauf kniend oder stehend den Glauben und das Vaterunser; willst du so magst du dieses Gebetlein dazu sprechen:

Ich danke dir, mein himmlischer Vater, durch Jesum Christum, deinen lieben Sohn, daß du mich diese Nacht vor allem Schaden und Gefahr behütet hast: und bitte dich, du wollest mich diesen Tag auch behüten vor Sünden und allem Übel, daß dir all mein Tun und Leben gefalle, denn ich befehle mich, meinen Leib und meine Seele, und Alles in deine Hände, dein heiliger Engel sei mit mir, daß der böse Feind keine Macht an mir finde. Amen.

Und alsdann mit Freuden an dein Werk gegangen, und etwa ein Lied gesungen, als die zehn Gebote oder was deine Andacht gibt.

18.
Gebet wenn man in der Bibel lesen will.

Ewiger Gott und Vater unsers Herrn Jesu Christi, verleihe mir deine Gnade, daß wir die heilige Schrift wohl und fleißig studieren und Christum darin suchen und finden und durch ihn das ewige Leben haben. Das hilf uns, lieber Gott, mit Gnaden. Amen.

19.
Vor dem Essen.

Aller Augen warten auf dich, Herr, und du gibst ihnen ihre Speise zu seiner Zeit, du tuest deine Hand

auf, und sättigest alles, was da lebet, mit Wohlgefallen.
(Darnach das Vater Unser und dies folgende Gebet:)
Herr Gott, himmlischer Vater, segne uns und diese deine Gaben, die wir von deiner milden Güte zu uns nehmen durch Jes. Christum, unsern Herrn. Amen.

20.
Nach dem Essen.

Danket dem Herrn, denn er ist freundlich und seine Güte währet ewiglich, der allem Fleische Speise gibt, der dem Vieh sein Futter gibt, den jungen Raben, die ihn anrufen. Er hat nicht Lust an der Stärke des Rosses, noch Gefallen an jemandes Beinen; der Herr hat Gefallen an denen, die ihn fürchten und die auf seine Güte warten.
(Darnach das Vater Unser und dies folgende Gebet:)
Wir danken dir, Herr Gott Vater, durch Jesum Christum, unsern Herrn, für alle deine Wohltat, der du lebest und regierest in Ewigkeit. Amen.

21.
Abendsegen.

Des Abends, wenn du zu Bette gehst, sollst du dich segnen mit dem heiligen Kreuz und sagen:
Das walte Gott Vater, Sohn und hl. Geist. Amen.
Darauf kniend oder stehend den Glauben und Vater Unser. Willst du, so magst du dies Gebetlein dazu sprechen:

Ich danke dir, mein himmlischer Vater, durch Jesum Christum deinen lieben Sohn, daß du mich diesen Tag so gnädiglich behütet hast, und bitte dich, du wollest mir vergeben alle meine Sünden, wo ich Unrecht getan habe, und mich diese Nacht gnädiglich behüten, denn ich befehle mich, mein Leib und Seele und alles in deine Hände. Dein heiliger Engel sei mit mir, daß der böse Feind keine Macht an mir finde. Amen.

22.
Eine gemeine Beichte, so Dr. M. Luther täglich, wenn er hat wollen schlafen gehen, gesprochen.

Mein lieber Vater, ich bekenne allewege, du siehest es auch, daß ich je meinethalben, wie ich gehe oder stehe, inwendig und auswendig, mit Haut und Haar, mit Leib und Seel in das ewige höllische Feuer hinein gehöre; daß auch in Summa, weißt du, mein Vater, meinethalben nichts Gutes in mir ist, nicht ein Haar auf dem Haupte droben, es gehöret doch alles miteinander hinein in den Abgrund der Höllen, zu dem leidigen Teufel. Was soll ich viel Worte davon machen? Aber, mein lieber Vater, ich bitte wiederum hiergegen allewege, ich sei meinethalben was ich wolle, so bitte ich dich dennoch und will es von dir auch haben allewege, daß du dein Aufsehen und dein Aufmerken auf mich nicht wollest haben, und wollest deine Augen auf mich nicht kehren und wenden. O es ist sonst mit mir verloren und verdorben, und wenn hunderttausend Welten auf mir wären; sondern da bitte ich dich, daß du wollest dein Aufsehen und dein Aufmerken haben und wollest deine Augen kehren, wenden und richten in das Angesicht deines lieben Sohnes Jesu Christi, deines Gesalbten, meines Mittlers, Hohenpriesters und Fürsprechers, meines Heilandes, Erlösers und Seligmachers, und wollest mir um seinetwillen, und nicht um meinetwillen (bitte ich dich, mein Vater) gnädig und barmherzig sein, und wollest mir um deines lieben Sohnes Jesu Christi willen verleihen ein seliges Ende und eine fröhliche Auferstehung, hier helfen dem Leibe, und dort in jener Welt der armen Seele! Und um seines rosinfarben Bluts wegen, das er da mildiglich am Galgen des Kreuzes zu Verzeihung und Vergebung meiner Sünde vergossen hat - dein Sohn Jesus Christus - bitte ich dich jetzund, mein Vater, daß du dasselbige Blut Jesu Christi, deines lieben Sohnes, an mir armen Kreatur meiner mannigfaltigen Sünden halben, die da nicht auszureden noch auszusprechen sind, nach deiner Gerechtigkeit nicht wollest anders machen und umkehren, sondern wollest es, nach deiner grundlosen Barmherzigkeit, den Nutz und die Frucht lassen an mir schaffen und ausrichten, darzu es denn in Ewigkeit von dir verordnet und von deinem lieben Sohne Jesu Christo an dem Galgen des Kreuzes auch vergossen ist, als nämlich, daß du mir es je wollest gereichen und kommen lassen zur Verzeihung und Vergebung meiner Sünden, auf daß, welche Stunde, welchen Augenblick bei Nacht oder bei Tag du kommest und klopfest an und willst wiederum meinen Geist, welchen du mir erstlich hast eingeblasen, hinwegfordern, so bitte ich dich allewege, mein Vater, daß du dir denselben meinen Geist, das ist meine Seele, wollest je lassen in deine Hände befohlen sein um deines lieben Sohnes Jesu Christi Bluts, Leidens und Sterbens willen. Amen.

23.
Eine andere Beichte.

O Gott Vater in Ewigkeit, du wollest heute nicht ansehen den unzähligen Haufen meiner Sünden, welche mir stets vor meinen Augen stehen, und wollest mir die nicht zurechnen; sondern wollest mir sie durch deinen Mittler und unsern Versöhner, Christum, zudecken, und wollest heute dein Aufsehen haben in das Angesicht deines Gesalbten, deines Christi, durch den allein ich bei dir mag Gnade erlangen, ohne welchen auch niemand zu dir mag kommen, als in seinem Verdienst, in seiner Arbeit, die du mir durch das Evangelium hast lassen tröstlich anbieten und feil tragen (ob ich dir's wolle glauben), es soll dein einiger Sohn mein Mittler, samt allem, das er hat, mein sein, er soll meine Gerechtigkeit, meine Heiligung und meine Erlösung sein. Durch denselben gnade mir, mein Gott, in Ewigkeit! Schaffe forthin mein Leben, Sterben und Auferstehung in Christo nach deinem göttlichen Willen. Amen.

24.
Wenn man in die Kirche kommt.
(Um Erleuchtung.)

Allmächtiger Gott, der du bist ein Beschützer aller, die auf dich hoffen, ohne welches Gnade niemand nichts vermag, noch etwas vor dir gilt, laß deine Barmherzigkeit uns reichlich widerfahren, auf daß wir, durch dein heilig Eingeben, denken was recht ist, und durch deine Wirkung dasselbige vollbringen, um Jesu Christi, deines Sohnes, unsers Herrn willen. Amen.

25.
Ein kurzer Seufzer zu Gott dem Vater.

Ach Gott, Vater aller armen elenden Seelen! gib uns allen deine Gnade, und erleuchte uns mit deiner Wahrheit! Dir sei Lob, Ehr und Dank in Ewigkeit. Amen.

26.
Ein anderer Seufzer zu Gott dem Sohne.

Herr Jesu, du unser König, Friede, Licht und Leben, erleuchte, erwecke und stärke unser Herz in deiner Kraft und heiligem Wort, zum ewigen Leben. Dir sei Preis, Lob und Ehre in Ewigkeit. Amen.

27.
Vor der Epistel.
(Um Erkenntnis des göttlichen Willens.)

Lieber Herr, ich kann dich leider nicht recht in mein Herz bilden; drum hilf doch und gib, daß ich dich recht möge erkennen und dein Bild werden. Amen.

28.
Vor dem Evangelium.
(Um Erkenntnis Christi.)

Lieber Herr Gott, hilf uns zur Erkenntnis Christi, nach aller deiner Barmherzigkeit, und sende in die Welt die Stimme Johannis mit vielen Scharen der Evangelisten. Amen.

29.
Vor der Predigt.
(Um andächtige Anhörung der Predigt.)

Lieber Gott, du sprichst durch deinen lieben Sohn die selig, so dein Wort hören. Wie viel billiger wäre es, daß wir dich, o ewiger barmherziger Vater, ohne Unterlaß mit fröhlichem Herzen selig preiseten, dir dankten und dich lobten, daß du dich so freundlich, ja väterlich gegen uns arme Würmlein erzeigest, und mit uns von der größten und höchsten Sache, nämlich vom ewigen Leben und Seligkeit, redest. Gleichwohl unterlässest du es nicht, uns freundlich zu locken durch deinen Sohn, dein Wort zu hören, da er spricht: Selig sind, die Gottes Wort hören und behalten; als könntest du unsers Gehörs nicht entbehren, und wir, die wir Erd und Asche sind, nicht viel tausendmal mehr deines seligen Wortes bedürften. O wie unaussprechlich groß und wundersam ist deine Güte und Geduld! Wiederum Ach und Wehe über die Undankbarkeit und Starblindheit derer, die dein Wort nicht allein nicht hören wollen, sondern es auch mutwillig verachten, verfolgen und lästern.

30.
Ein anderes Gebet vor der Predigt.

Lieber Gott, gib uns deinen Heiligen Geist, der das gehörte Wort in unser Herz schreibe, also, daß wir annehmen, glauben, und uns dessen in Ewigkeit erfreuen und trösten mögen. Amen.

31.
Um die Gnade des Heiligen Geistes, Gottes Wort fruchtbarlich zu hören.

Allmächtiger, ewiger Gott und Vater unsers Herrn Jesu Christi, gib mir deinen Heiligen Geist, der in meinem Herzen rechten Glauben anzünde, mich regiere, leite und stärke. O Jesu Christe, du Sohn des ewigen Vaters, gib mir deinen Heiligen Geist. Amen.

32.
Ein anderes Gebet um die Gnade des Heiligen Geistes.

O du Gott aller Gnaden und Barmherzigkeit, verleihe uns deinen Heiligen Geist, der uns erwecke und vermahne, mit Ernst zu suchen deine Ehre, und mit aller Andacht des Herzens zu danken für alle deine unzähligen, unaussprechlichen Güter und Gaben, durch Jesum Christum, unsern Herrn und Heiland, dem sei Lob und Dank, Ehr und Preis in Ewigkeit. Amen. Amen.

33.
Noch ein anderes Gebet um die Gnade des Heiligen Geistes.

Lieber Herr Christe, gib uns allen deinen Geist und Gaben, nicht zu unserm Ruhm, sondern zu Nutz und Besserung der Christenheit, dazu auch alleine der Geist gegeben wird, wie St. Paulus spricht I. Korint. 12., auf daß dein Wort gleich und recht ausgeteilet werde, nämlich uns Schand und Scham für unsere Sünden und Untugenden, dir aber Lob und Ehre, Liebe und Dank für deine unaussprechliche Gnade und Gabe, in Ewigkeit. Amen.

34.
Nach der Predigt.

Lieber Herr Christe, der du mein Herz mit deiner Wahrheit erleuchtet hast, wollest mir auch deinen Geist und Kraft geben, zu tun und zu lassen, was deinem gnädigen Willen wohl gefällt. Amen.

35.
Ein anderes Gebet nach der Predigt.

Lieber Herr Jesu Christe, bereite, stärke und befestige uns vollends zu deinem ewigen Reich, mit aller Fülle deiner Weisheit und Erkenntnis. Dir sei Lob und Dank in Ewigkeit. Amen.

36.
Danksagung für das gehörte Wort Gottes.

O Gott, Vater aller Barmherzigkeit, wir danken dir höchlich und allezeit, daß du uns, nach dem überschwenglichen Reichtum deiner Gnaden, hast gebracht zu dem Schatz deines Wortes, darinnen wir haben Erkenntnis deines lieben Sohnes, das ist, ein sicher Pfand unsers Lebens und Seligkeit, die im Himmel zukünftig ist, und bereitet allen, die in reinem Glauben und brünstiger Liebe beständig bis ans Ende beharren; wie wir denn hoffen und bitten, du werdest uns, barmherziger Vater, erhalten und vollkommen machen mit allen Auserwählten, in einem Sinne, zu gleichem Bild deines lieben Sohnes Jesu Christi, unsers Herrn. Amen.

37.
Eine andere Danksagung.

Lieber Gott, gib Gnade, daß wir auch wie David, Paulus und andere Heilige unsern Schatz, der eben derselbige ist, den sie gehabt haben, so groß achten und über alle Güter auf Erden heben, und dir von Herzen dafür danken, daß du uns vor viel tausend andern damit beehret hast. Denn du hättest uns eben so wohl mögen in der Irre lassen laufen, als Türken, Tartaren, Juden und andere Abgöttische, die von dem Schatz nichts wissen; oder verstockt lassen bleiben wie die Papisten, die diesen unsern Schatz lästern und verdammen. Daß du uns aber in deine grüne Aue gesetzt und so reichlich mit guter Weide und frischem Wasser versorget hast, ist eitel Gnade, darum wir desto mehr zu danken haben. Amen.

38.
Noch eine andere Danksagung.

Lieber Gott und Vater, wir loben und danken dir billig für diese deine unaussprechliche Barmherzigkeit, daß du uns aus des Teufels Reich, darinnen wir allesamt gefangen waren, und durch unsere Kräfte daraus nicht konnten ledig werden, durch deinen lieben Sohn erlöset hast. Amen.

39.
Eine weitere Danksagung.

Lieber Vater, du hast uns dein teures gnadenreiches Evangelium gegeben, und mit unaussprechlichen großen Gnaden überschüttet; lieber Vater, hilf, daß wir dasselbige auch also behalten und dabei bleiben mögen, und sonsten auch jedermann möchte geholfen werden. Amen.

40.
Seufzer, unter Ausspendung des heiligen Abendmahls, oder bei einer Taufe.

Lieber Herr Christe, erhalte uns bei reinem Verstand des Worts und heiligem Sakrament, und behüte uns durch deine Gnade vor allem Irrtum. Amen.

41.
Zum Beschluß der Kirchen.

Lieber Herr und Gott, stärke und behalte uns und alle fromme Herzen in deinem lieben reinen Wort und rechten Glauben, durch Jesum Christum, unsern Herrn, und hilf uns, daß wir es dankbarlich erkennen und kräftiglich mit guten Früchten bezeugen und zieren, dir sei Lob und Ehre in Ewigkeit, Amen.

42.
Gebet treuer Lehrer und Prediger.

Du gütiger und barmherziger Gott, du hast uns aus sonderlicher Gnade zum Predigt-Amt berufen, und diese geistlichen Werke: lehren, predigen, taufen, absolvieren, Sakrament reichen, aufgelegt. Nun sind wir willig und bereit, wollens auch von Herzen gern tun. Du siehest aber, wie schwach und unvermögend wir dazu sind aus unsern Kräften; siehest auch, wie greulich sie vom Teufel und seinem Haufen werden angefochten. Darum, du lieber Gott, fördere diese Werke, gib Stärke und Kraft dazu, daß wir sie treulich vollbringen! Hindere und wehre dem Teufel und allem seinem Anhange, daß sie diese Werke nicht besudeln, daß das Gesetz und Evangelium durch falsche Lehre und Heuchelei nicht ineinander gemenget, Taufe und Sakrament durch Wiedertäufer und Sakramentierer nicht geschmähet, die Absolution nicht durch falschen Ablaß und Lügen des Papstes verfälschet werde, sondern daß ein jeglicher in seiner Kraft und Würden bleibe, und dein hl. Geist, der in uns wohnt, durch unsere Sünde nicht betrübt werde, sondern in allen diesen Stücken tätig und kräftig sei, auf daß wir als deine getreuen Diener allezeit erfunden werden. Amen.

43.
Gebet eines Lehrers und Predigers für sich.

Herr Gott, du hast mich in der Kirche zu einem Bischof und Pfarrherrn gesetzt, du siehest, wie ich so ungeschickt bin, solch groß und schwer Amt recht auszurichten, und wo es ohne deinen Rat gewesen wäre, so hätte ich es schon vorlängst alles miteinander verderbet. Drum rufe ich dich an. Ich will zwar gerne meinen Mund und mein Herz dazu leihen und neigen, ich will das Volk lehren, ich will selbst auch immer lernen und mit deinem Worte umgehen, und demselben fleißig nachdenken; brauche du mein als deines Werkzeugs; lieber Herr, verlasse du mich nur nicht, denn wo ich werde allein sein, so werde ich's leichtlich alles miteinander verderben.

44.
Ein anderes Gebet eines Lehrers und Predigers.

Lieber Gott, ich habe angefangen zu predigen und das Volk zu lehren. Es will aber nicht fortgehen, es stößt sich hie und da; aber das schadet nicht. Weil du mir befohlen hast, dein Wort zu predigen, will ich davon nicht ablassen; mißrät es, so mißrät es dir; gerät es, so gerät es mir und dir. Hier ist dein Befehl, darauf gehe ich hin und werfe mein Netz aus und lasse dich sorgen, wie es geraten werde. Amen.

45.
Gebet eines Predigers.

Lieber himmlischer Vater, rede du, ich will gern ein Schüler und Kind sein und schweigen; denn sollte ich die Kirche regieren, aus meinem eigenen Witz, Weisheit und Vernunft führen, so stäke der Karren längst im Dreck und wäre das Schiff lange zu Trümmern gegangen; darum, lieber Gott, regiere und führe du es selbst, ich will mir gerne meine Augen ausstechen, die Vernunft zutun und dich allein durch dein Wort regieren lassen. Amen.

46.
Ein anderes Gebet eines Predigers.

Jesu Christe, du Sohn des lebendigen Gottes, der du bist unser Versöhnopfer und Gnadenstuhl, der Erzbischof unserer Seele, sende deinen Heiligen Geist in unsere Herzen, der mit mir das Werk treibe, ja vielmehr der in mir wirke das Wollen und Vollbringen durch deine göttliche Kraft. Amen.

47.
Gebet, die heilige Schrift fruchtbarlich zu studieren.

Ach lieber Gott, gefällt es dir, durch mich etwas auszurichten zu deinen Ehren, und nicht zu meinem oder einiges Menschen Ruhm, so verleihe mir aus lauter Gnade und Barmherzigkeit den rechten Verstand deines Wortes. Amen.

48.
Ein anderes Gebet, die heilige Schrift fruchtbarlich zu studieren.

Gib, lieber Herr Gott, deine Gnade, daß ich dein Wort recht verstehe, und viel mehr, daß ich es auch tun möge. Siehe doch, allerliebster Herr Jesu Christe, sollte dies mein Studieren nicht zu deinen Ehren allein gereichen, so lasse mich lieber keinen Buchstaben verstehen, und gib mir nur, so viel mir armen Sünder nutz ist zu deinen Ehren. Amen.

49.
Trotz und Trost eines fleißigen Predigers bei seinem Studieren.

Lieber Herr und Gott, ich schlafe in deinem Namen, und weiß, daß auch mein Schlaf dir wohlgefällt; wenn ich aber wache und meine gewöhnliche Arbeit tue in meinem Beruf, mit Schreiben, Lesen, Meditieren oder Betrachten und mit Beten, zweifele ich daran nicht, solche Arbeit ist dir auch angenehm, und wenn ich wüßte, daß es dir mißfällig wäre, wollte ich mich dessen viel lieber enthalten. Ich bin aber deß gewiß, daß ich dir wohlgefalle mit all meinem Tun, nicht um meinetwillen, der ich solches tue, sondern um deinetwillen, der du dich mein erbarmest, mir die

Sünde vergibest, mich liebest, führest und mit dem Heiligen Geist regierest. Amen.

50.
Danksagung eines Predigers nach verrichtetem Amte.

Lieber Herr Jesu Christe, der du uns gerecht und selig gemacht und mir Kraft und Macht verliehen hast, die heilige Schrift auszulegen, und auch meinen Zuhörern, dieselbe anzuhören, erhalte und stärke mich und meine Zuhörer in dieser Lehre und gib Gnade, daß wir je länger je mehr wachsen und zunehmen in der Erkenntnis deiner Gnade und ungefärbtem Glauben, und behüte uns vor Sekten und falscher Lehre, auf daß wir mögen untadelich und unsträflich auf den seligen Tag unserer Erlösung erfunden werden. Dir sei mit dem Vater und hl. Geist Lob und Dank gesagt in Ewigkeit. Amen.

51.
Klage und Gebet eines Predigers über und wider seine Feinde und Lästerer.

Mein Herr und Gott, meine Feinde belügen und lästern mich schändlich und fälschlich, daß meine Lehre, dein Wort muß Irrtum, ketzerisch, aufrührerisch und verdammt sein; darum schweige du nicht, und lobe mich wider ihr Schelten und Schänden. Amen.

52.
Ein anderes Gebet eines Predigers über und wider seine Feinde.

Lieber Gott, fälle du ein Urteil für mich, ich schreie darum und bitte, daß meine Sache möge gerechtfertiget und gerichtet werden, denn sie ist gerecht, und ich bin meiner Sachen gewiß, so wollen die Rottengeister auch recht und gewiß sein; aber sie sind es nicht, denn mit ihnen ist's eine Halsstarrigkeit und Verstockung, daß sie vor ihrer teuflischen Blindheit die Wahrheit nicht sehen. Aber ich weiß, daß meine Lehre aus Gottes Eingeben sei, und daß sie wahrhaftig und rechtschaffen sei und ohne Wandel. Herr, sie sind ungerecht, ich aber weiß, daß meine Sache recht ist. Sie werden diese Lehre nicht tadeln können; strafen sie aber dieselbige, so tun sie Unrecht, denn ich weiß, daß sie vor Gott recht ist. Amen.

53.
Ein anderes Gebet eines Predigers über und wider seine Feinde.

Ich weigere das Leiden und Strafen nicht, ich bin willig und bereit dazu; ja es ist billig und recht, daß ich nur leide, und bin gleich zum Leiden bereit, geboren und geordnet, denn ich voller Sünden bin. Einem Sünder gebührt seine Strafe und Pein von Gott. Ich bitte nur, daß die nicht Recht behalten, die dem leidenden demütigen und dem gekreuzigten

Leben feind sind, gerade als wären sie gerecht, und nicht hätten Leiden, sondern Frieden und Ehre verdienet. Amen.

54.
Ein anderes Gebet eines Predigers über und wider seine Feinde.

Ach Gott, du siehest, daß sie allzumal mich um deines Worts willen schänden, lästern und verdammen; ich aber habe niemand, der mich lobe, denn du mit den Deinen. Darum schweige nicht, das ist, lobe, preise, verkläre, verteidige mich und beweise, daß ich recht lehre, gleich wie dein lieber Sohn Christus zu dir auch gesprochen: Verkläre mich, auf daß dich dein Sohn verkläre. Gib Geist, tue Wunder und Zeichen, damit meine Lehre bestätigt werde; so verkläre ich denn und predige dich, daß du rechter Gott und mein Vater seiest, so glaubet man denn mir und werden beide verklärt. Amen.

55.
Ein anderes Gebet eines Predigers über und wider seine Feinde.

Tue, Herr, wohl an mir, um deines Namens willen. Du siehest ja, daß die Sache dich angehet, deinen Namen, dein Wort, deine Ehre preise ich, so lästern sie das alles; lassest du mich, so verlässest du auch deinen Namen, aber das ist unmöglich, darum errette mich. Amen.

56.
Ein anderes Gebet eines Predigers über und wider seine Feinde.

Laß nichts gelten noch helfen, daß sie mir und den Meinen fluchen, sondern je mehr sie fluchen, je mehr du segne, und lehnen sie sich etwa wider mich auf, das laß nur bald zu Schanden werden. Amen.

57.
Ein anderes Gebet eines Predigers über und wider seine Feinde.

Ach Herr, gleichwie sie den Fluch im Geist anziehen als ein täglich Kleid, also laß sie auch ein öffentlich Schandkleid äußerlich tragen, damit sie vor aller Welt für deine Feinde erkannt und verachtet werden, daß Sünde und Schande zwei tägliche Kleider seien, Sünde vor Gott und Schande vor der Welt.

58.
Ein anderes Gebet eines Predigers über und wider seine Feinde.

Lieber Herr Christe, ist dir Solches widerfahren, der du mit so trefflichen Wunderwerken kommen bist, so mag ich wohl schweigen und nicht klagen, wenn ich um des Evangelii willen auch verachtet, verlacht und verfolgt werde.

59.
Ein anderes Gebet eines Predigers über und wider seine Feinde.

Herr, wenn du es nicht machest, so ist es ungemacht; Herr, willst du nicht helfen, so will ich gerne zu Schanden werden; die Sache ist nicht mein; darum will ich keine Ehre darin haben; ich will gern deine Larve sein, allein daß du streitest. Amen.

60.
Gebet eines verjagten Predigers.

Herr, zähle meine Flucht, fasse meine Tränen in deinen Sack! Ohne Zweifel, du zählest sie. Wenn schon kein Mensch mein Elend bedenken will, schauest du doch, Herr, so genau darauf, daß du alle Schritte zählest in meiner Flucht, wie weit ich gejagt werde, und vergissest keiner Träne, sondern ich weiß, daß du sie alle in deinem Register aufschreibest und nicht vergessen wirst. Amen.

61.
Danksagung für erhaltene Schule.

Allmächtiger Gott, ewiger Vater unseres Herrn Jesu Christi, wir danken dir, daß du diese Schule so lange Zeit erhalten und uns auch zur Gemeinschaft derselbigen berufen hast; und bitten dich von ganzem Herzen, daß du auch forthin unter uns die eine

Kirche, und in diesen Landen die Versammlung derer, so recht lehren und lernen, erhalten, und die Regiment, so ihnen Herberge geben, schützen wollest. Amen!

62.
Gebet eines Regenten und Oberherrn.

Hilf mir, lieber Gott, mein Königreich handhaben, daß ich mein Land und Leute regieren möge, und tue solches, um deines Befehls willen, damit deine Ehre bestehe. Amen.

63.
Ein anderes Gebet eines Regenten.

Herr Gott, vor dir bin ich nichts besseres, denn eines Kuhhirten Sohn und ein Kind der Sünden, dieweil du es aber also haben willst, daß die Welt soll regieret, der Friede erhalten, unordentliche und böse Buben gestraft werden, und berufest nun mich zu demselbigen Amte, so will ich dir gerne folgen. Ich wollte zwar lieber ohne Amt und eine Privatperson sein, aber dieweil man deinem Befehl gehorchen soll, so will ich mein befohlen Amt ausrichten in deiner Furcht und mit aller Demut. Denn ich bin ja mir selbst kein Fürst, sondern um deinetwillen und den Menschen zu Dienst in ihrer Not.

64.
Ein anderes Gebet eines Regenten.

Herr Gott, ich wollte lieber ohne Amt, etwa in der Stille verborgen sein, ohne Zepter, ohne Krone, Gold, Silber und ohne alle solche große Herrlichkeit und Ehre. Aber du hast mich ja zu diesem Stande berufen, hast haben wollen, daß ich über andere regieren soll; darum will ich nun deinem Willen gehorchen und will dem gemeinen Nutz, und nicht meiner eigenen Begierde oder Wollust dienen. Amen.

65.
Ein anderes Gebet eines Regenten.

O lieber Herr Gott, dein Name sei heilig! Denn warum machest du mich zum Regenten, so du doch wohl weißt, daß ich deinem Willen nicht kann genug tun. Sei aber du mein Helfer und laß deine heiligen Engel auch bei mir sein! Du willst aber auf diese Weise meinen stolzen Sinn demütigen, daß ich mich nicht soll dir gleich halten, der du gerecht bist und alle Dinge weißt. Amen.

66.
Gebet eines Regenten.

Lieber Herr Gott, unterrichte du mich, gib du Stärke und Weisheit, daß ich mein Land recht regieren möge. Bist du der oberste Regent, ich will gerne dein Knecht sein; allein regiere und leite mich dermaßen, daß ich nicht umwerfe und Schaden tue! Denn ich will gerne tun so viel an mir ist. Wird es mir von statten gehen, so will ich's dir zuschreiben, daß es dein Werk und Gabe sei, und will's dir Dank wissen; so es aber nicht fort will, so will ich's geduldig leiden, denn ich vermag nichts, wenn du nicht hilfst! Du bist der Schöpfer und richtest und tust alles, was im Himmel und auf Erden ist, ich bin allein dein Werkzeug. Amen.

67.
Gebet eines Fürsten und Regenten.

Siehe mein Gott und Vater, das ist dein Werk und Ordnung, daß ich in diesem Stand zu regieren bin geboren und geschaffen, das kann je niemand leugnen, und du selbst erkennest es auch; ich sei würdig oder unwürdig, so bin ich je, wie du und jedermann siehet. Darum gib mir, Herr und Vater, daß ich deinem Volke möge vorstehen zu deinem Lob und ihrem Nutz! Laß mich nicht folgen meiner Vernunft, sondern sei du meine Vernunft. Amen.

68.
Ein anderes Gebet eines Regenten.

Lieber Herr Gott, ich bin ein Fürst, Regent, Rat, Amtmann, Prediger, Doktor oder Lehrer. Nun aber ist das Regiment dein, dein ist das Reich, Gericht und aller Rat; gib mir die Gnade und Macht, daß mein Raten, meine Taten in diesem Amte glücklich sein mögen. Amen.

69.
Gebet weltlicher Obrigkeit.

Lieber Gott, dieses Leben ist dermaßen gestaltet, daß man darin nicht stille stehen noch müßig gehen, sondern einhergehen und allezeit etwas zu tun vorhaben soll, es sei im Haus- oder Weltregiment, darum verleihe Gnade, daß wir dasselbe weislich verrichten, das ist in Demut und in deiner Furcht, und stets betrachten, daß wir unter deinem Zorn sind um unserer Sünden willen, daß wir nicht unter der Menschen Unflat seien, die weder ihr Leben noch ihren Tod weder recht kennen noch achten, sondern nur den Bauch füllen und nach Ehre und Gewalt trachten; diese gehen daher in höchster Verachtung des zornigen Gottes, fragen weder nach Gnade noch nach Zorn, und leben also in der allergrößten Torheit und Unverstand. Darum erhalte uns in dieser Weisheit, das ist in deiner Furcht, denn Gottesfurcht ist ein Anfang der Weisheit, ja die höchste Weisheit ist deinen Zorn vor Augen haben und darnach leben und alles tun in Demut.

70.
Gebet des vertriebenen Königs David.

Ich bitte dich, Herr, verschaffe, daß mich die Menge des Volkes wiederum umgebe, hange an mir und sei mir unterworfen; denn das gedeihet ihnen zu Heil und Trost, wo sie dir gehorchen, welchen du mich zu einem Könige gegeben hast; auf daß sie nicht irre gehen wie die Schafe ohne Hirten, oder nicht wie ein Volk, das ohne Fürsten und König ist, einem jeglichen Räuber herhalten muß. Bin ich deß unwürdig, mein Herr, so bist du doch würdig, dem ich gehorche; so sind sie es auch würdig, daß sie nicht meinethalben gefangen und zerstreuet werden, sondern, mein Herr, setze mich ihnen wiederum zu einem Haupte und versammle die so zerstreut sind in Israel, bringe also die Glieder wiederum zu dem Körper. Amen.

71.
Gebet eines Amtmanns, Juristen oder Ratsherrn.

Allmächtiger, ewiger Gott, himmlischer Vater, du hast also geordnet und befohlen, daß ich Jura studieren, lernen und sprechen soll, was recht ist; darum gib du Gnade und Segen dazu, daß ich allein die Wahrheit suche und finde und tue nur, was dir gefällig ist, dir zu Ehren, und Land und Leuten zu Nutz, um Christus willen, deines lieben Sohnes, meines Herrn und Heilandes. Amen.

72.
Für kaiserliche Majestät.

Lieber Herr Gott, regiere des Kaisers Herz zu deinem Lob und Ehren und des Reichs Wohlfahrt. Amen.

73.
Für einen christlichen Fürsten und Landesherrn.

Ach Vater aller Gnaden, du wollest unseren Landesherrn als mitten unter den Wölfen, auch ohne Zweifel nicht gar frei von bösen Geistern, sonderlich in diesen wüsten fährlichen Zeiten barmherziglich erhalten, in deinem Erkenntnis und reinem Wort, dazu behüten vor allen bösen Werken; sonderlich deinen Geist senden und ihn zu deinem angenehmen Werkzeug zubereiten, dadurch er viel und großen Nutz und Frommen, zu Lob und Ehre deines Wortes ausrichte, wie denn durch ihn viel Nutz und Gutes geschehen kann vielen betrübten, verlassenen, irrigen Seelen. Amen.

74.
Gebet Dr. M. Luthers für Kurfürst Johann Friedrich.

Lieber Herr Christe, du wollest gnädiglich in unserem lieben Landesfürsten seine angefangenen Gaben,

Vernunft und Weisheit stärken, mehren und erhalten, und vor aller falschen Tücke und List des Feindes samt seinem Anhang behüten, zu aller Welt Heil und zu Ehren deinem heiligen Namen und Evangelio. Amen.

75.
Um gute Regierung.

Herr, erhalte dein Volk, die Rechte, Gerichte, Billigkeit und das ganze weltliche Regiment, daß alles ordentlich geschehe, damit der Friede durch Empörung und innerliche Feindschaft nicht zerrüttet, noch die äußerliche Zucht durch Ehebruch und andere Ärgernisse unruhig gemacht und verunreiniget werde. Amen.

76.
Gebet, daß die Obrigkeit das Wort Gottes ehre.

Lieber Gott, hilf, daß die Obrigkeit erkenne deinen Willen mit Furcht und Demut, und ehre deinen Sohn, das ist sein Wort, daß er sie durch sein Blut erteuret und erarmet hat, und seine Diener, die armen Pfarrherren, die sonst geplaget sind und billig von weltlichen Regenten Schutz und Trost haben sollten, damit ihr Amt ein Gottesdienst würde. Amen.

77.
Ein anderes Gebet, daß die Obrigkeit das Wort Gottes ehre.

Allmächtiger Herr Gott, erleuchte und bewege doch einmal die Herzen der Potentaten, dein Wort zu fürchten und demütiglich gegen dasselbe zu handeln. Amen.

78.
Gebet Dr. M. Luthers für Kurfürst Johanns, als er heftig krank war.

Lieber Herr Gott, erhöre doch unser Gebet, nach deiner Zusage. Lasse uns doch dir die Schlüssel nicht vor die Füße werfen, denn so wir zuletzt zornig über dich werden und dir deine Ehre und Zinsgüter nicht geben, wo willst du denn bleiben; ach, lieber Herr, wir sind dein, mache es wie du willst, allein gib Geduld. Lieber Gott, du hast einen Titel, daß du der Armen Seufzen und Gebet erhörest, wie David sagt: Er tut den Willen derer, die ihn fürchten und erhöret ihr Gebet. Lieber Herr, bitten wir doch kein Böses, laß uns dir die Schlüssel nicht vor die Türe werfen.

79.
Gebet eines Kriegsobersten und Soldaten.

Himmlischer Vater, hier bin ich nach deinem göttlichen Willen in diesem äußerlichen Werke und

Dienst meines Oberherrn, wie ich schuldig bin, dir zuvor und demselben Oberherrn um deinetwillen, und danke deiner Gnaden und Barmherzigkeit, daß du mich in solch Werk gestellet hast, da ich gewiß bin, daß es nicht Sünde ist, sondern recht und dienem Willen ein gefälliger Gehorsam ist. Weil ich aber weiß und durch dein gnadenreich Wort gelernet habe, daß keines unserer guten Werke uns helfen mag, und niemand als ein Krieger, sondern allein als ein Christ muß selig werden, so will ich mich gar nicht auf solch meinen Gehorsam und Werk verlassen, sondern dasselbige deinem Willen frei zu Dienste tun, und glaube vom Herzen, daß mich allein das unschuldige Blut deines lieben Sohnes, meines Herrn Jesu Christi erlöse und selig mache, welches er für mich (deinem gnädigen Willen nach) gehorsamlich vergossen hat. Da bleib ich auf, da lebe und sterbe ich auf, da streite und tue ich alles auf. Erhalte, lieber Herr Gott Vater und stärke mir solchen Glauben durch deinen Geist. Amen. Dir befehle ich Leib und Seele in deine Hände. Amen.
Darauf das Vaterunser und frisch und fröhlich vom Leder gezogen und dreingeschlagen in Gottes Namen, sagt Luther.

80.
Ein anderes Gebet eines Kriegsobersten und Soldaten.

Lieber Herr, mein Gott, du siehest, daß ich muß kriegen, wollt's gerne lassen. Auf die rechte Ursache baue ich nicht, sondern auf deine Gnade und Barmherzigkeit. Denn ich weiß, wo ich mich auf die rechte Ursache verließ und trotzete, solltest du mich wohl lassen billig fallen, als den, der billig fiel, weil ich mich auf mein Recht und nicht auf deine bloße Gnade und Güte verlasse.

81.
Gebet eines Soldaten.

Lieber Herr Gott, wider dich will ich nicht streiten, will auch in dem Heer nicht sein, da man Gott raubet, was Gottes ist; sondern will gehorsam sein und dienen, da der Kaiser hat, was des Kaisers ist, und da Gott hat, was Gottes ist.

82.
Gebet eines Kriegsmannes bei bevorstehender Schlacht.

Herr, in deiner Gewalt stehet alle Kraft und Sieg! Herr, hilf du mir! Herr, die Victorie, der Triumph und Sieg stehet in deiner Gewalt; so du mir sie geben wirst, will ich dir darum danken; wo du aber unsere Sünde mit einem solchen Schaden und Jammer strafen willst, Herr, so bin ich da und will's geduldig leiden. Amen.

83.
Danksagung für rechtmäßigen Beruf in einem ehrlichen Stand.

Ich danke, Herr Gott, daß du mich in einen göttlichen und seligen Stand und Amt gesetzet hast, ich will gerne darinnen tun und leiden, was ich soll. Amen.

84.
Gebet für einen jeden in seinem Beruf und Amt.

Herr, ich warte meines Amtes und tue, das du mir befohlen hast, und will gerne alles arbeiten und tun, was du haben willst, allein hilf du mir auch haushalten, hilf du nur auch regieren. Amen.

85.
Um Gottes Segen zu seinem Beruf und Stand.

Herr Gott, diese Güter stehen nicht in meiner Gewalt, ich bin nur ein Werkzeug dazu, und tue dabei, was ich vermag, ich schaffe und tue, arbeite und sorge, heiße und befehle, mache und lasse mir's sauer werden. Gib du, lieber Herr, in welcher Gewalt es alles stehet, fruchtbarlich Gedeihen, sonst wird alle Mühe und Arbeit vergebens sein. Amen.

86.
Um seinen Beruf fleißig abzuwarten.

Lieber Gott, du hast mir befohlen, also zu glauben, zu lehren, zu regieren und zu tun; das will ich auf deinen Namen wagen und dir's lassen befohlen sein, was mir darinnen widerfahren mag. Amen.

87.
Trostgebet in Anfechtung bei seinem Beruf.

Lieber Herr, ich habe ja dein Wort und bin in dem Stande, der dir gefället, das weiß ich. Nun siehest du, wie es allenthalben mangelt, daß ich keine Hilfe weiß, ohne bei dir; darum hilf du, weil du gesagt und befohlen hast, daß wir sollen bitten, suchen und klopfen, so sollen wir's gewißlich empfahen, finden und haben, was wir begehren. Amen.

88.
Ein anderes Trostgebet in Anfechtung bei seinem Beruf.

Lieber Gott, was ich jetzt tue, das will ich im Namen Jesu tun und in dem Gehorsam, darinnen ich von Gott gesetzet bin, und will's mit Freuden tun, ob mir etwas drüber widerfähret und der Teufel mir zusetzet, was schadet mir's? Dennoch bin ich in dem Stande, da Gottes Wort mich lehret und tröstet, was ich tue oder leide, das sei wohlgetan, und Gott wolle

Wohlgefallen daran haben und mit Gnaden bei mir sein. Amen.

89.
Gebet eines Bauers und Ackermanns.

Nun berate, lieber Gott, nun gib Korn und Frucht. Lieber Herr, unser Pflügen und Pflanzen werden's nicht geben; es ist deine Gabe. Amen.

90.
Gebet junger Leute, die sich in den Ehestand zu begeben Willens sind.

Siehe, lieber Gott, ich höre, daß der Ehestand dein geschaffen Werk ist und dir wohlgefällt; derohalben will ich mich auf dein Wort darein begeben, es gehe mir darin, wie du willst, so soll es mir alles gefallen und behagen. Ach lieber Gott und Vater unsers Herrn Jesu Christi, beschere und gib mir armen Kinde einen frommen Mann (oder ein frommes Weib), mit dem ich göttlich durch die Gnade des Heiligen Geistes im Ehestande leben mag. Amen.

91.
Um ein christlich Eheweib.

Lieber Herr Gott, du siehest, daß ich ohne Sünde des Ehestandes nicht entraten kann; gib du mir guten

Rat, und gib mir ein frommes, gottesfürchtiges und ehrlich Weib.

92.
Ein anderes Gebet um ein christl. Eheweib.

Herr Gott, du hast mich zu einem Manne geschaffen, du siehest, daß ich nicht keusch leben kann; ich rufe dich an und bitte, du wollest mein Vorhaben regieren und Glück dazu geben. Gib du guten Rat und hilf mir, erwähle du mir Eine, mit der ich ehrlich leben möge und dir dienen, und durch den Glauben und das Gebet Unglück und Beschwerung, so sich im Ehestande findet, mag überwinden. Amen.

93.
Gebet eines Junggesellen um eine christliche und ehrliche Jungfrau.

Herr Gott, dieser Stand ist deine Ordnung, ich bitte dich, du wollest mir ein solch Mägdlein geben, damit ich friedlich und ehrlich, dazu auch in rechter Liebe leben möge und mein Wille ihr Wille sei, und wiederum ihr Wille auch mein Wille sei; wollest mir auch durch deinen Segen Kinder und Erben geben, die ich christlich und wohl möge auferziehen. Amen.

94.
Gebet einer Jungfrau um einen frommen und christlichen Mann.

Siehe, lieber Gott, ich bin nun zu meinen Jahren kommen, daß ich ehelich werden mag; sei du mein Vater und laß mich dein Kind sein. Gib mir einen frommen Knaben, und hilf mir mit Gnaden zum ehelichen Stande, oder so es dir gefällt, gib mir deinen Geist, keusch zu bleiben. Amen.

95.
Gebet der Eltern für die Kinder um glückliche und gute Heirat.

O allmächtiger Gott und Vater unsers Herrn Jesu Christi, der du mir diesen Sohn (diese Tochter) gegeben hast, ich bitte dich, beschere und gib ihnen ein fromm, gut und christlich Ehegemahl und hilf ihnen durch deinen Heiligen Geist, daß sie göttlich in dem Ehestande mögen leben, denn es liegt an dir allein, sonst an niemand. Amen.

96.
Gebet für neu angehende Eheleute.

Herr Gott, der du Mann und Weib geschaffen und zum Ehestande verordnet hast, dazu mit Früchten des Leibes gesegnet und das Sakrament deines lieben Sohnes Jesu Christi, und der Kirchen, seiner Braut, darinnen bezeichnet. Wir bitten deine grundlose Güte, du wollest solch dein Geschäfte, Ordnung und Segen nicht lassen verrücken noch verderben, sondern gnädiglich in uns bewahren durch Jesum Christum, unsern Herrn. Amen.

97.
Ein Gebet frommer und christlicher Eheleute.

Herr Gott, du sagest zu mir in deinem Worte, daß du seiest und wollest sein mein Herr und Gott, und hast mich geschaffen zu einem Mann (oder zu einem Weibe), das ist dein Geschöpf und dein Werk; ich habe mich nicht selbst also gemacht, oder bin ohngefähr also worden; so gib nun zu deinem Geschöpf deinen Segen, verleihe Gnade, daß ich sei ein glückseliger Mann (ein glückselig Weib).

98.
Ein anderes Gebet frommer und christlicher Eheleute.

Herr Gott, du hast mich zu einem Mann erschaffen, und hast mir auch ein Eheweib gegeben. Nun sind wir aber alle beide in der Welt, und in dem schwachen Fleisch, ja mitten unter den Teufeln, den Zerstörern aller ehelichen Liebe und Treue. Darum gib deinen Segen, ob sich gleich etliche Anstöße zutragen, daß doch dieselben dein Segen und die Betrachtung deiner Gaben, die im Ehestand sind, überwinde. Amen.

99.
Ein christliches Hausgebet.

O Herr Jesu Christe, du hast meine Augen mir aufgetan, daß ich sehe, wie du mich durch deinen Tod von Sünden erlöset und durch deine Auferstehung einen Erben des Himmels und ewigen Lebens gemacht hast. Nun, lieber Herr, ich danke dir für solche große unaussprechliche Gnade, will wiederum auch gerne tun, was ich weiß, das du von mir haben willst. Du hast mich geheißen, Vater und Mutter ehren; ich will's mit allem Willen gern tun. Du hast mich geheißen, ich soll meiner Herrschaft treulich dienen, fleißig arbeiten und gehorsam sein; ich will's auch gerne tun; du hast mich geschaffen zum Hausvater (zur Hausmutter), lieber Gott, ich will fromm sein, will tun mit Lust und Liebe, was ich soll, und ehe das Leben drüber lassen, denn daß ich dir nicht sollte folgen, meinen Kindern und Gesinde nicht sollte treulich vorstehen oder sie ärgern.

100.
Trost für Eheleute, daß sie in einem gottgefälligen Stande leben.

Gott Lob und Dank, ich bin und lebe ja in dem Stande, der nicht neu ist, wie der Mönche und Nonnen Stand, welcher vor tausend Jahren nicht gewesen; aber mein Stand ist gewesen vor sechstehalbtausend Jahren, darinnen die Erzväter, Priester und Propheten gelebet haben. Hats Gott in den heiligen Leuten so wohlgefallen, so wird's ohne allen Zweifel Gott auch wohlgefallen, wenn ich mit meinem lieben Weibe (oder Manne) in diesem Stande lebe.

101.
Gebet eines Hausvaters.

Herr, du hast mir ein Weib, Kinder und Hausgesind gegeben, dieselbigen soll ich auch auf deinen Befehl regieren. So will ich nun gerne allen meinen Fleiß tun, so viel es mir möglich ist, daß es recht zugehe. Wenn es mir aber nicht also fortgehen will, wie ich es gerne haben wollte, so will ich schreiben: Geduld, wie man pfleget zu sagen: Laß gehen, wie es geht, denn es will doch seinen Weg gehen. Wenn es mir aber nach meinem Sinn gehet, so will ich sagen: Herr, Lob, Ehr und Dank sei dir. Herr, ich habe es nicht getan, sondern du; es ist deine Gnade und Gabe. Amen.

102.
Ein anderes Gebet eines Hausvaters.

O du gütiger und barmherziger Gott, du hast mich aus Gnaden in den Stand gebracht, der dir gefällig ist, und den du selbst gestiftet hast, und hast mir ein fromm Gemahl, fromme Kinder und Gesinde bescheret, und die Haussorge auf den Hals gelegt. Nun befinde ich mich viel zu schwach zu solchen hohen Sachen. Darum bitte ich dich, lieber Gott, du wollest

Vater mit sein, und diese Werke, so mir in der Haushaltung auferlegt sind, fördern und handhaben, daß sie von Statten gehen, und dir angenehm seien.

103.
Ein anderes Gebet eines Hausvaters.

O allmächtiger, ewiger und barmherziger Gott, dieweil du mit Worten und Werken genugsam bewiesen hast, daß du als ein getreuer Vater für uns sorgest, und hast uns gnädiglich zu Kindern angenommen und einem jeden seinen Beruf gegeben, darinnen er dir und dem Nächsten dienen soll, so bitten wir dich von Herzen, lieber Vater, gib Gnade, daß wir unsers Berufs fleißig wahrnehmen, und im Gehorsam als deine treuen Kinder allezeit erfunden werden. Fördere die Werke unsers Haushaltens also, daß wir ja unsere Herzen nicht an die Güter dieser Welt hangen, noch jemand dadurch Ärgernis geben, sondern laß uns alle zeitlichen Güter und Gaben, so wir durch deinen Segen empfangen haben, in stillem Wesen mit täglicher Danksagung genießen und gebrauchen; wollest auch von uns abwenden allen Müßiggang, übrige Sorge der Nahrung, und alles, was dir mißfällt, und bei uns und in uns fördern alles, was dir wohlgefällt, auf daß wir in all unserm Tun deinem Befehle nachgehen, und alle Sorge und Anliegen aus rechtem Glauben auf dich werfen. Denn du weißt alles, was uns mangelt und not ist; das wollest du uns gnädiglich verleihen. Amen.

104.
Ein anderes Gebet eines Hausvaters.

Herr, du hast mir ein Weib, Kinder und Hausgesinde bescheret; lieber Herr, hilf du nun, regiere, und sei du mein Hausvater, sonst werde ich mit meiner Mühe gar wenig ausrichten. Du hast mir alles gegeben, was zu dem Haus und der Haushaltung von Nöten ist; aber das Amt ist größer und schwerer, denn daß ich's verwalten und verwesen kann. Derohalben vertritt du meine Statt, sei du Hausvater, ich will dir gerne weichen.

105.
In und bei beschwerlichem Haushalten.

Lieber Herr, du hast mich zu einem Hausvater gemacht, derohalben hilf mir! denn wenn ich allein soll regieren oder haushalten, so werde ich den Wagen also tief in die Pfützen führen, daß er drinnen wird steckenbleiben; ich stehe wohl frühe auf und laß mir's sauer werden; es will aber doch gleichwohl mit mir nirgend fort, muß gleichwohl mein Brot mit Angst und Sorge essen. Nun, Herr, ich warte meines Amts und tue, das du mir befohlen hast, und will gerne alles arbeiten und tun, was du haben willst; allein hilf du mir auch haushalten. Amen.

106.
Geduldige Ergebung eines Ehemannes bei Krankheit und anderm Unfall.

Lieber Gott, daß ich ein fromm Weib, wohlgezogene Kinder, gehorsam Gesinde, Geld und Gut habe, Frieden und ein gut Regiment führe, das sind Gottesgaben; derselbigen will ich mit Danksagung gebrauchen, so lange es Gott gefällt und er mir's verleihen wird. So mir aber das Weib oder Kinder absterben, oder ein Unfriede im Lande sich erregen wird, wohlan, so will ich's geduldig leiden, denn du, Herr, hast mir das alles von deiner milden Güte verliehen; so bin ich auch zufrieden, daß du es wieder zu dir nimmst. Denn ich weiß wohl, daß ich's ohnedies nicht ewig hätte können haben noch besitzen, sondern hätte es doch zum letzten müssen fahren lassen.

107.
Gebet eines Knechts oder einer Magd.

Ich danke dir, Herr, daß du mich in diesen Dienst geordnet hast, da ich weiß, daß ich dir mit diene, mehr denn alle Mönche und Nonnen, die ihres Dienstes keinen Befehl haben. Ich aber habe Gottes Befehl im vierten Gebot, daß ich Vater und Mutter ehren, Herren und Frauen mit allem Fleiß und Treue dienen und zu der Haushaltung helfen soll. Will derohalben demselben mit Lust und Liebe nachkommen. Amen.

108.
Ein anderes Gebet eines Knechts oder einer Magd.

Ich will meinen Herren, meinen Frauen zu Gefallen tun und lassen, was sie wollen; ob ich zuweilen gescholten werde, was schadets, sintemal ich das fürwahr weiß, daß mein Stand unserm Herr Gott ein wohlgefällig Leben ist, denn mein Erlöser, Christus selbst ist zur Hochzeit gegangen und hat dieselbe mit seiner Gegenwart und seiner Mutter Maria Diensten geehret; sollte ich nun solchem Stand zu Ehren und Dienst auch nicht gerne etwas tun und leiden? Amen.

109.
Gebet um Ehesegen oder Kinder.

Lieber Herr Gott, wo es zu Heiligung deines Namens dienet, wo es zu Erhaltung deines Reiches gehöret, so beschere mir Kinder. Amen.

110.
Für Weiber in Kindesnöten.

Lieber Herr Gott, siehe doch an dies arme betrübte Weib und gedenke an deine Verheißung. Amen.

III.
Gebet der Gevattern oder Paten bei der Taufe eines Kindes.

O allmächtiger, ewiger Gott, Vater unsers Herrn Jesu Christi, ich rufe dich an über diesen (diese) N. N., deinen Diener (Dienerin), der (die) um deiner Taufe Gabe bittet und deine ewige Gnade durch die geistliche Wiedergeburt begehret. Nimm ihn (sie) auf, Herr, und wie du gesaget hast: Bittet, so werdet ihr nehmen; suchet, so werdet ihr finden; klopfet an, so wird euch aufgetan, so reiche nun das Gute dem (der), der (die) da bittet, und öffne die Türe dem (der), der (die) da anklopfet, daß er (sie) den ewigen Segen dieses himmlischen Bades erlange und das verheißene Reich deiner Gabe empfahe durch Christum, unsern Herrn. Amen.

112.
Ein anderes Gebet der Gevattern oder Paten bei der Taufe eines Kindes.

Allmächtiger, ewiger Gott, der du hast durch die Sündflut nach deinem gestrengen Gerichte die ungläubige Welt verdammt, und den gläubigen Noah selbacht nach deiner großen Barmherzigkeit erhalten, und den verstockten Pharao mit allen den Seinen im roten Meer ersäuft, und dein Volk Israel trocken durchhin geführet, damit dies Bad deiner heiligen Taufe zukünftig bezeichnet, und durch die Taufe

deines lieben Kindes, unsers Herrn Jesu Christi, den
Jordan und alle Wasser zur seligen Sündflut und
reichlicher Abwaschung der Sünden geheiliget und
eingesetzt. Wir bitten durch dieselbe deine grundlose
Barmherzigkeit, du wollest diesen (diese) N. gnädiglich ansehen und mit rechtem Glauben im Geist
beseligen, daß durch diese heilsame Sündflut an ihm
ersäufe und untergehe alles, was ihm von Adam
angeboren ist, und er selbst dazu getan hat, und er
aus der Ungläubigen Zahl gesondert, in der heiligen
Arca der Christenheit trocken und sicher behalten,
allezeit brünstig im Geist, fröhlich in Hoffnung,
deinem Namen diene, auf daß er mit allen Gläubigen
deiner Verheißung, ewiges Leben zu erlangen, würdig
werde, durch Jesum Christum, unsern Herrn. Amen.

113.
Um gute Kinderzucht.

Herr Gott, himmlischer Vater, hilf, daß unsere
Kinder wohl geraten mögen. Gib, daß das Weib in
Zucht und Ehrbarkeit lebe, und daß sie alle in Er-
kenntnis und Furcht Gottes beharren. Amen.

114.
Wenn Kinder krank sind.

Lieber Vater, scharf ist deine Rute; aber Vater
bleibst du, das weiß ich fürwahr. Und du, lieber Herr
und Heiland, Jesu Christe, der du ein Vorbild alles
unseres Leidens gewesen, tröste und drücke dich

selbst in unser Herz, auf daß ich dies Opfer dieses betrübten Geistes vollbringen, und dir unseren Isaak mit willigem Geist übergeben möge. Amen.

115.
Gebet eines kranken Mannes oder Vaters, der seinen Sohn aus der Fremde zu sehen begehret.

O du lieber, barmherziger Vater, o Gott, der du in deinem Rat wunderbarlich bist, ich begehre ja meinen Sohn zu sehen, ehe ich von diesem Leben abscheide; ich bin dessen noch ungewiß, ob ich daran auch sündige, oder aber, ob es dir auch also wohl gefalle; darum regiere und schicke du mein Vornehmen und Werk nach deinem Willen, hilf lieber Herr Gott. Amen.

116.
Ein anderes Gebet eines kranken Mannes oder Vaters.

Lieber Herr Gott, du wollest mich regieren, daß ich ja meinem Fleisch und Blute nicht folge! O lieber Vater, daß wir gar nicht verderben, und daß ich mich gar nicht daran versündige und darüber ins Verderben gerate, darum, daß mich nach meinem Sohn so gar sehr verlanget und ich ihn so sehr liebe. Amen.

117.
Bei allgemeinen Strafen und Landplagen.

O du gütiger Gott, barmherziger Herr, hast du dich von uns durch deinen grimmigen Zorn um der Sünde willen abgewendet und unser Leben lang mit Angst und Trübsal, auch mit der Hölle und ewigem Tode gedräuet und auf's höchste geängstet, so laß nun ab, lieber Vater, kehre dich wieder zu uns, laß dich erbitten und sei deinen Knechten gnädig, fülle uns frühe mit deiner Gnade, so wollen wir rühmen und fröhlich sein unser Leben lang. Amen.

118.
Ein anderes Gebet bei Strafen und Landplagen.

O du gütiger barmherziger Gott, du hast uns wie das Gras, das frühe blühet, durch deinen Zorn und Grimm lassen welk und dürr werden, unser Leben verkürzet und deine Ungnade über uns ausgeschüttet. Wir bitten dich, lieber barmherziger Gott, kehre dich wieder zu uns, fülle uns frühe mit deiner Gnade, nicht mit einer schlechten, geringen und einzelnen Gnade, dadurch die Haushaltung, das weltliche Regiment, oder Predigtamt, oder Gesundheit des Leibes erhalten werde, sondern gib uns eine reiche, überschwengliche, ewige Gnade, durch welche wir ewig erhalten und vom Teufel, Tod, Sünde und Hölle errettet werden. Amen

119.
In langwierigem Leiden.

Ach lieber Herr Gott, du hast uns fürwahr nun eine lange Zeit gerollet und gepanzerfeget, und mit allerlei Unfall, Angst und Trübsal, Jammer und Not umgeben, hast uns auch Weisheit und Erkenntnis gegeben, daß wir deinen Grimm und Zorn über die Sünde erkennen, den ewigen Tod fühlen, und vor der Hölle uns fürchten und unser Leben in Todesängsten zubringen. Nun, lieber Gott, laß es genug sein, höre auf mit deinem grimmigen Zorn, du hast uns genugsam gezüchtiget, genug gedemütiget, ja genug unterdrücket, geängstet und getötet, daß wir nicht viel fröhlicher Tage und Stunden gehabt haben. Wir bitten dich, lieber Gott, kehre dich wieder zu uns und sei deinen Knechten gnädig, zeige uns deine Gnade und Barmherzigkeit, auf daß wir einen gewissen Trost haben, damit wir uns in der Angst und Trübsal beide hier und dort trösten mögen. Amen.

120.
Um Geduld und Überwindung.

Lieber Gott, verleihe uns auch ein friedlich Herz und guten Mut im Kampf und Unruhe wider den Teufel, auf daß wir nicht allein erdulden und endlich obsiegen, sondern auch mitten im Kampf und Unruhe Frieden haben mögen, dich loben, und danken und nicht murren, noch ungeduldig werden wider deinen göttlichen Willen, damit der Friede in unserem

Herzen den Sieg behalte, daß wir nichts wider dich, unsern Gott, noch Menschen durch Ungeduld vornehmen, sondern beide, inwendig und auswendig, gegen Gott und den Menschen still und friedlich bleiben, bis der endliche und ewige Friede komme. Amen.

121.
Um Abwendung des Krieges.

Lieber Gott, behüte uns vor Krieg, der das Land und alle Stände wüste macht, gib uns lieber eine starke Pestilenz dafür, darinnen doch die Leute fromm sind, und die Religion, Polizei, Ökonomie, die Kirche, rechte reine Lehre, weltlich und häuslich Regiment nicht so verwüstet und verstöret, verdorben noch verfälschet werden. Amen.

122.
Gebet in Kriegesnot (sonderlich wider die Türken).

Himmlischer Vater, wir haben's ja wohl verdienet, daß du uns strafest, aber strafe du uns selbst nach deiner Gnade, und nicht in deinem Grimm. Es ist uns besser, in deiner Hände Staupe uns geben, denn in der Menschen oder des Feindes Hände, wie David auch bat (2. Sam. 2.), denn groß ist deine Barmherzigkeit. Wir haben dir gesündiget und deine Gebote nicht gehalten, aber du weißt, allmächtiger Gott Vater, daß wir dem Teufel, Papst und Türken nicht gesündiget haben, sie auch kein Recht noch Macht haben, uns zu strafen, sondern du kannst und magst ihrer brauchen als deiner grimmigen Ruten wider uns, die wir an dir gesündiget und alles Unglück verdienet haben.

Ja, lieber Gott, himmlischer Vater, wir haben keine Sünde wider sie getan, darum sie Recht hätten, uns zu strafen, sondern viel lieber wollten sie, daß wir samt ihnen auf's greulichste wider dich sündigten. Denn sie fragen nicht darnach, ob wir dir ungehorsam wären, dich lästerten, allerlei Abgötterei trieben, wie sie tun, mit falscher Lehre, Glauben und Lügen umgingen, Ehebruch, Unzucht, Mord, Diebstahl, Räuberei, Zauberei und alles Übel wider dich täten, da fragen sie nicht nach: sondern das ist unsere Sünde wider sie, daß wir dich, Gott Vater, den rechten einigen Gott, und deinen lieben Sohn, unsern Herrn Jesum Christum, und den Heiligen Geist, einen ewigen Gott predigen, glauben und bekennen, ja das ist die Sünde, die wir wider sie tun. Aber wo wir dich verleugnen, würde uns der Teufel, Welt, Papst und Türke wohl zufriedenlassen, wie dein lieber Sohn spricht: Wäret ihr von der Welt, so hätte die Welt das ihre lieb.

Hier siehe nun drein, du barmherziger Vater über uns, und ernster Richter über unsere Feinde, denn sie sind deine Feinde mehr, denn unsere Feinde, und wenn sie uns verfolgen und schlagen, so verfolgen und schlagen sie dich selber, denn das Wort, so wir predigen, glauben und bekennen, ist dein, nicht unser, alles deines Heiligen Geistes Werk in uns. Der Teufel will solches nicht leiden, sondern an deiner

Statt unser Gott sein, an deines Wortes Statt Lügen in uns stiften. Der Türke will seinen Mahomet an deines lieben Sohnes Jesu Christi Statt sehen, denn er lästert ihn und spricht, er sei kein rechter Gott, sein Mahomet sei höher und besser, denn er ist. Ist's nun Sünde, daß wir dich den Vater und deinen Sohn und den Heiligen Geist für den rechen einigen Gott halten, bekennen und rühmen, so bist du selbst der Sünder, der du solches in uns wirkest, heißest und haben willst. Darum so hassen, schlagen und strafen sie dich selbst, wenn sie uns um solcher Sache willen hassen, schlagen und strafen. Darum wache auf, lieber Herr Gott, und heilige deinen Namen, den sie schänden; stärke dein Reich, das sie in uns zerstören, und schaffe deinen Willen, den sie in uns dämpfen wollen, und lasse dich nicht um unserer Sünde willen also mit Füßen treten von denen, die nicht unsere Sünde in uns strafen, sondern dein heiliges Wort, Namen und Werk in uns tilgen wollen, daß du kein Gott sein sollest und kein Volk haben, das dich predige, glaube und bekenne. Amen.

123.
Um Frieden in Kriegszeiten.

Herr Zebaoth, laß dich doch erbarmen, daß alle anderen gottlosen Könige und Lande sitzen im Frieden, aber allein dein eigen Volk muß Unfrieden haben; so doch billiger wäre, daß jene Unfrieden und dein Volk Frieden hätte. Weil du denn gerecht bist und wahrhaftig in deinen Worten, so wollest du doch dich selbst ansehen und an deine Gerechtigkeit und Wahrheit gedenken, wenn du ja uns nicht willst ansehen, und uns wieder Frieden geben. Amen.

124.
Ein anderes Gebet um Frieden in Kriegszeiten.

Barmherziger Gott, schicke deinen friedlichen Engel, der beide zwischen Fürsten und Landschaften rechte Einigkeit erwecke, wie wir uns eines Glaubens und Evangelii rühmen. Amen.

125.
Um Frieden.

Herr Gott, himmlischer Vater, der du heiligen Mut, guten Rat und rechte Werke schaffest, gib deinen Dienern Frieden, welchen die Welt nicht kann geben, auf daß unsere Herzen an deinen Geboten hangen, und wir unsere Zeit durch deinen Schutz still und sicher vor den Feinden leben, durch Jesum Christum, deinen Sohn, unsern Herrn. Amen.

126.
Gebet Eines, der Amts halber zur Zeit der Pestilenz nicht fliehen kann.

Hebe dich, Teufel, mit dem Schrecken! Weil dich's verdrießt, so will ich dir zu Trutz um desto eher hinzugehen zu meinem kranken Nächsten, ihm zu helfen, und will dich nicht ansehen, und will auf zwei Stücke gegen dich pochen. Das erste ist, daß ich fürwahr weiß, daß dies Werk Gott und allen Engeln wohlgefällt, und wo ich's tue, daß ich in seinem Willen und rechtem Gottesdienst und Gehorsam gehe; sonderlich weil es dir so übel gefällt und du dich so hart darüber setzest, so muß es freilich insonderheit Gott gefallen. Wie willig und fröhlich wollte ich's tun, wenns nur einem Engel wohlgefiele, der mir zusähe und sich mein darüber freuete; nun es aber meinem Herrn Jesu Christo und dem ganzen himmlischen Heere wohlgefällt, und ist Gottes, meines Vaters, Wille und Gebot: was sollte mich dein Schrecken denn bewegen, daß ich solche Freude im Himmel und Lust meines Herrn sollte hindern, und dir mit deinen Teufeln in der Hölle ein Gelächter und Gespött über mich anrichten und hofieren? Nicht also, du sollst es nicht enden. Hat Christus sein Blut für mich vergossen und sich um meinetwillen in den Tod gegeben, warum sollte ich nicht auch um seinetwillen mich in eine kleine Gefahr geben, und eine ohnmächtige Pestilenz nicht dürfen ansehen? Kannst du schrecken, so kann mein Christus stärken; kannst du töten, so kann Christus Leben geben; hast du Gift im Maul, Christus hat noch viel mehr Arzenei. Sollte mein lieber Christus mit seinem Gebet, mit seiner Wohltat und allem Trost nicht mehr gelten in meinem Geist, denn du leidiger Teufel mit deinem falschen Schrecken in meinem schwachen Fleische? Das wollte Gott nimmermehr! Heb dich, Teufel, hinter mich. Hier ist Christus, und

ich sein Diener in diesem Werk. Der solls walten.
Amen.

127.
Wenn man in Sterbesläuften sich fürchtet und doch zu bleiben gebunden ist.

Herr, in deiner Hand bin ich, du hast mich hier angebunden, dein Wille geschehe, denn ich bin deine arme Kreatur. Du kannst mich hierin töten und erhalten eben sowohl, als wenn ich etwa im Feuer, Wasser, Durst oder anderer Fährlichkeit angebunden wäre. Amen.

128.
Wenn man nicht gebunden ist, sondern zu Pest- und Sterbenszeiten weicht und fleucht.

Herr Gott, ich bin schwach und furchtsam; darum fliehe ich das Übel, und tue so viel dazu, als ich kann, daß ich mich davor hüte; aber ich bin gleichwohl in deiner Hand in diesem und allerlei Übel, so mir begegnen möge; dein Wille geschehe, denn meine Flucht wird's nicht tun. Denn der Teufel feiert und schläft nicht, welcher ist ein Mörder von Anfang, und sucht allenthalben eitel Mord und Unglück anzurichten.

129.
Für die lieben Früchte.

Lieber Herr Gott, behüte gnädiglich die lieben Früchte auf dem Felde, reinige die Luft, gib seligen Regen und gut Gewitter, daß die Früchte wohl geraten, daß sie auch nicht vergiftet werden und wir mit dem Vieh daran essen möchten die Pestilenz, Fieber und andere Krankheiten; denn solche Plagen kommen daher, daß die bösen Geister die Luft vergiften und darnach die Früchte, Wein und Korn, daß wir durch dein Verhängen den Tod und Plagen essen und trinken müssen an unsern eigenen Gütern. Darum laß sie, lieber Gott, gesegnet sein, daß sie uns gesund und selig gedeihen mögen, wie auch derselben nicht mißbrauchen zum Schaden der Seelen oder Vermehrung der Sünden, Völlerei und Müßiggangs, daraus Unkeuschheit, Ehebruch, Fluchen, Schwören, Morden, Krieg und alles Unglück folgt; sondern gib uns Gnade, deiner Gaben zu brauchen zur Seelen Seligkeit und Besserung unsers Lebens, und daß die Früchte eine Ursach seien, des Leibes und der Seelen Gesundheit zu behalten und zu mehren. Amen.

130.
Seufzer und Gebet Dr. M. Luthers um einen gnädigen Regen.

Es war eine große Dürre, also, daß es lange nicht hatte geregnet und das Getreide auf dem Felde be-

gann zu verdorren, da betete Dr. M. Luther immerdar, und endlich sprach er mit großem Seufzen:
Ach Herr, siehe doch unser Gebet an, um deiner Verheißung willen. Wir haben nun gebetet, unser Herz seufzet; aber der Bauern Geiz hinderts und hemmts, nachdem sie durch das Evangelium nun zaumlos sind worden, daß sie meinen, sie mögen tun was ihnen gelüstet, fürchten sich nicht, noch erschrecken vor keiner Hölle oder Fegfeuer, sondern sagen: ich glaube, darum werde ich selig; werden stolze, trotzige Mammonisten und verfluchte Geizhälse, die Land und Leute aussaugen, wie auch die Wucherer unterm Adel allenthalben tun. Dieselbigen will vielleicht Gott jetzt strafen, doch hat Gott gleichwohl noch Mittel genug, dadurch er die Seinen ernähret, und ob er wohl den Gottlosen nicht regnen läßt.
Und als er solches gesagt hatte, hub er seine Augen auf gen Himmel und sprach:
Herr Gott, du hast ja durch den Mund Davids, dienes Dieners, gesagt: Der Herr ist nahe allen, die ihn anrufen in der Wahrheit; er tut den Willen derer, die ihn fürchten, und erhöret ihr Gebet und hilft ihnen aus; wie, daß du denn nicht willst Regen geben, weil wir so lange schreien und bitten? Nun wohlan, gibst du keinen Regen, wirst du ja etwas Besseres geben, ein geruhig und stilles Leben, Frieden und Einigkeit. Nun, wir bitten so sehr und haben so oft gebetet; tust du es nicht, lieber Vater, so werden die Gottlosen sagen: Christus, dein lieber Sohn, lüge, da er spricht: Wahrlich, wahrlich, ich sage euch, was ihr den Vater bitten werdet in meinem Namen, das wird

er euch geben. Also werden sie zugleich dich und deinen Sohn Lügen strafen. Ich weiß, daß wir von Herzen zu dir schreien und sehnlich zu dir seufzen; warum erhörest du denn uns nicht?

(Ebendieselbe folgende Nacht danach kam ein sehr fruchtbarer Regen. Das geschah 1532 den 9ten Juli.)

131.
In großer Not und Gefahr.

Ich weiß gewiß, daß mich dennoch unser Herr Gott herzlich lieb hat, ob ich gleich jetzt in dieser großen Not stecke und nicht sehe, wie mir geholfen könnte werden. Ich befehle es aber meinem lieben Gott, der jetzt in diesem Jammer auf mich siehet wie eine Mutter auf ihr Kindlein, das sie unter ihrem Herzen getragen hat, der wird es wohl machen, den will ich auch darum bitten und gewißlich glauben, daß er mich hören und erretten wird. Denn wenn die Gerechten schreien, so erhöret der Herr und errettet sie aus ihrer Not. Amen.

132.
Ein anderes in großem Kreuz.

Ach lieber Vater, du bist ja mein lieber Vater, denn du hast ja deinen einigen lieben Sohn für mich gegeben. Darum wirst du ja nicht mit mir zürnen, noch mich verstoßen, du siehest meine Not und Schwachheit. Darum wollest du mir helfen und mich erretten. Amen.

133.
Ein anderes Gebet in großer Not.

Herr Jesu Christe, ich glaube an dich, mein einiger Helfer, dich rufe ich an in allen Nöten. Herr, so du willst, kannst du mir wohl helfen; so du aber nicht willst, will ich dies Kreuz und Unglück um deines Namens willen gerne leiden.

134.
Noch ein anderes Gebet in großer Not.

Ach Vater aller Barmherzigkeit und Gott alles Trostes, stärke und kräftige mich durch deinen Geist, bis erscheine und komme dieses Werk, darauf du uns heißest harren in allen Trübsalen, denn du nicht von Herzen die Menschen plagest und betrübest, und du lässest nichts Böses geschehen, wenn du nicht etwas Gutes daraus könntest schaffen. Amen.

135.
In großer Widerwärtigkeit.

Ach Gott, strafe mich nicht im Zorn, laß in Gnaden sein und zeitlich, sei Vater und nicht Richter. Ach Gott, zürne hier, haue hier und schlage hier, und schone unser dort. Amen.

136.
Ein anderes Gebet in großer Widerwärtigkeit.

Lieber Vater, schlage und streiche getrost zu, ich hab's leider wohl verschuldet; doch laß es eine Vaterrute sein. Wie du denn alle deine Kinder, so du lieb hast, stäupest, denn welche du um ihrer Sünde willen nicht strafest, sind nicht Kinder, sondern Bastarde: darum streiche, peitsche, dresche flugs auf uns, gerechter Richter, doch auch barmherziger Vater, also aber, daß du dein göttlich Vaterherz nicht von uns wendest, auf daß wir dich hier und dort ewiglich loben und preisen mögen. Amen.

137.
Jakobs Ermunterung unter dem Kreuz.

Ach du lieber himmlischer Vater, bist du mir so nahe und ich wußte es nicht? Wie ist mir jetzund so wohl! Laß nun Esau kommen und alle Teufel, so fürchte ich mich nicht, denn ich habe dich, den Herrn, meinen Gott. Zuvor habe ich ihm in den Rücken gesehen, in der Gestalt und Person eines Mannes, in welcher Person ich mich dünken ließ, daß er mir den Tod dräuet, und mein Herz war in großer Angst, daß er mich irgend in die Hölle würde stoßen; jetzt aber sehe ich nun sein Angesicht.

138.
Um Geduld.

Lieber Herr Jesu, der du uns heißest untereinander trösten und tröstest uns auch durch dein seliges Wort, tröste und stärke unser Herz durch deinen Geist in fester Geduld bis zum seligen Ende dieses und alles Unfalls. Dir sei Lob und Ehre samt dem Vater und dem Heiligen Geiste ewiglich. Amen.

139.
Trost in Armut und Mangel.

Ob ich gleich hier Armut leide, schadet nicht; dennoch weiß ich, daß du, mein lieber Gott, mich wirst nicht lassen Not leiden, denn du hast mir Christum gegeben und alle Seligkeit in ihm. Du wirst mir auch so viel zuwerfen, daß der Leib die kurze Zeit seines Lebens seine Notdurft haben wird. Amen.

140.
Um des Leibes Notdurft und Nahrung.

Lieber Gott und Vater, gib uns das tägliche Brot, gut Wetter, Gesundheit, behüte vor Pestilenz, Krieg und teurer Zeit. Willst du mich aber eine Weile versuchen und nicht so bald geben, so geschehe dein Wille. Ist es die Zeit und Stündlein, so erlöse mich von dem Übel; wo nicht, so gib mir Stärke und Geduld. Amen.

141.
Wider die Bauchsorge.

Lieber Herr, was du mir geben wirst, will ich mit fröhlichem Herzen zu Dank annehmen; was du mir aber nicht geben wirst, das will ich gerne entraten, ich will mir genügen lassen gleich sowohl an einem wenigen Gut, als an großem Reichtum. Amen.

142.
Ein anderes Gebet wider die Bauchsorge.

Lieber Herr, ich weiß, daß du noch mehr hast, du hast viel mehr, denn du je vergeben magst, es wird mir in dir nicht mangeln, denn wenn es not wäre, die Himmel müßten noch Gülden regnen. Sei du mein Kasten, Keller und Söller, in dir habe ich alle Schätze; wenn ich dich habe, so habe ich genug. Amen.

143.
Reicher Leute seliger und nötiger Denkspruch.

Lieber Herr Gott, ich habe wohl groß Geld und Gut, ich hab's aber nicht erworben, sondern du Gott, mein Herr, hast mir's durch meine Arbeit aus Gnaden verliehen, denn ich hätte lange müssen arbeiten, wenn du es mir, Herr, nicht hättest gegeben.

144.
Dr. M. Luthers Gebet in seiner Krankheit zu Schmalkalden.

O du treuer Gott, mein Herr Jesu Christe, hat dein Name so vielen Leuten geholfen, hilf mir doch auch, mein lieber Gott, du weißt ja, daß ich dein Wort mit Fleiß gelehret habe; gereicht es zu deines Namens Ehre, so hilf mir, daß es besser werde; wo aber nicht, so schleuß die Augen zu, es muß doch einmal sein. O Herr Jesu Christe, wie fein ist es, daß einer mit dem Schwert um deines Wortes willen stirbt; nun, mein Herr Jesu Christe, ich sterbe ins Papstes Bann, aber er stirbt in deinem Bann. Gelobet seist du, mein Herr Jesu, daß ich in Erkenntnis deines Namens sterbe, ich will nun tun, was Gott will, und ergebe mich gar in seine Gnade. Haben wir das Gute empfangen von Gott, und sollten das Böse nicht auch annehmen? Amen.

145.
Um selige Auflösung durch ein sanftes Ende.

Christe, unser lieber Herr und Heiland, sei uns gnädig, daß wir nicht in Anfechtung fallen; sondern erhalte uns rein, unsträflich, einfältig, im rechten Glauben, und erlöse uns von allem Übel durch einen seligen Abschied von diesem Jammertal, das ist, aus dem Reiche des leidigen Teufels und seiner Welt. Dir sei Lob und Dank, mit dem Vater und Heiligen Geist, in Ewigkeit. Amen.

146.
In Furcht und Schrecken des Todes und der Höllen.

Lieber Herr Christe, ob ich gleich nicht das Gesetz erfülle und ob noch wohl Sünde vorhanden ist, und ich mich vor dem Tod und der Höllen fürchte: so weiß ich doch dies aus dem Evangelio, daß du mir alle deine Werke geschenket und gegeben hast. Deß bin ich gewiß, du lügest nicht, deine Zusagen wirst du wahrhaftig halten, und deß zum Zeichen habe ich die Taufe empfangen. Weil du denn, lieber Gott, mein bist, will ich gerne sterben; denn also gefällt es dir, mein Vater, und der Tod kann mir nicht schaden, er ist verschlungen in den Sieg. Und dir, lieber Herr Gott, sei Dank, der du uns den Sieg gegeben hast, durch unsern Herrn Jesum Christum. Amen.

147.
Ein tröstlich Gebet in unserer letzten Stunde.

Allmächtiger, ewiger, barmherziger Herr und Gott, der du bist ein Vater unseres lieben Herrn Jesu Christi! ich weiß gewiß, daß alles, was du zugesagt hast, du auch alles halten willst und kannst, denn du kannst nicht lügen, dein Wort ist wahrhaftig. Du hast mir im Anfang deinen lieben einigen Sohn Jesum Christum zugesagt, derselbige ist kommen und hat mich vom Teufel, Tod, Hölle und Sünden erlöset, danach zu mehrer Sicherheit aus gnädigem Willen mir die Sakramente der Taufe und des Altars geschenket, darinnen mir angeboten Vergebung der Sünden, ewiges Leben und alle himmlischen Güter. Auf solches sein Anbieten habe ich derselbigen gebraucht und im Glauben auf sein Wort mich feste verlassen und sie empfangen. Derhalben ich gar nicht zweifle, daß ich wohl, sicher und zufrieden bin vor dem Teufel, Tod, Hölle und Sünde. Ist dies meine Stunde und dein göttlicher Wille, so will ich friedlich, mit Freuden auf dein Wort gerne von hinnen scheiden. Amen.

148.
Dr. M. Luthers Gebetlein vor seinem Abschied aus diesem Jammertal.

O mein himmlischer Vater, ein Gott und Vater unseres Herrn Jesu Christi, du Gott alles Trostes, ich danke dir, daß du mir deinen lieben Sohn Jesum Christum offenbaret hast, an den ich glaube, den ich gepredigt und bekannt habe, den ich geliebet und gelobt habe, welchen der leidige Papst und alle Gottlosen schändlich verfolgen und lästern. Ich bitte dich, mein Herr Jesu Christe, laß dir mein Seelchen befohlen sein. O himmlischer Vater, ob ich schon diesen Leib lassen, und aus diesem Leben hinweggerissen werden muß: so weiß ich doch gewiß, daß ich bei dir ewig bleibe, und aus deinen Händen mich niemand reißen kann. Amen. Vater, in deine Hände befehle ich meinen Geist, du hast mich erlöset, Herr, du getreuer Gott. Amen.

149.
In Todesnöten.

Ich bin ein armer Sünder, das weißt du, lieber Herr, aber du hast mir lassen vorbilden durch deinen lieben Sohn, Jesum Christum, daß du wollest mir gnädig sein, die Sünde vergeben, und von keinem Zorn und Verdammnis wissen, und heißest mich solches glauben und nicht zweifeln, darauf verlasse ich mich und will fröhlich dahin fahren. Amen.

150.
Testament Dr. Martin Luthers.

Mein allerliebster Gott, ich danke dir von Herzen, daß du gewollt hast, daß ich auf Erden soll arm und ein Bettler sein; kann derhalben weder Haus, Acker, liegende Gründe, Geld noch Gut meinem Weibe und Kindlein nach mir lassen. Wie du sie gegeben hast, so bescheide ich sie dir wieder, du reicher, treuer Gott, ernähre sie, lehre sie, erhalte sie, wie du mich bisher ernähret hast. O Vater der Waisen und Richter der Witwen! Amen.

Katechismusgebete.

Damit ich ja ganz ledig werde (so viel es möglich ist) zum Gebet, mache ich aus jeglichem Gebot ein geviertes oder ein vierfach gedrehetes Kränzlein: Als ich nehme ein jeglich Gebot an zum I. als eine Lehre, wie es denn an sich selber ist, und denke, was unser

Herr Gott darinnen so ernstlich von mir fordert; zum 2. mache ich eine Danksagung daraus; zum 3. eine Beichte; zum 4. ein Gebet.

Ich vermahne aber, ob der Heilige unter solchen Gedanken käme und anfinge in dein Herz zu predigen mit reichen erleuchteten Gedanken, so tue ihm die Ehre, laß diese gefaßten Gedanken fahren, sei still und höre dem zu, der es besser kann denn du; und was er prediget, das merk und schreibe es an, so wirst du Wunder erfahren (wie David sagt) im Gesetze Gottes.

151.
Das erste Gebot: *Du sollst nicht andere Götter haben neben mir.*

Ewiger Gott, du forderst von mir und lehrest: herzliche Zuversicht zu dir in allen Sachen, und ist dein hoher Ernst, daß du wollest mein Gott sein; und dafür soll ich dich halten bei Verlust meiner ewigen Seligkeit, auch soll mein Herz sonst auf nichts trauen noch bauen, es sei Gut, Ehre, Weisheit, Gewalt, Herrlichkeit oder einige Kreatur.

Zum andern: danke ich deiner grundlosen Barmherzigkeit, daß du dich so väterlich zu mir verlorenen Menschen herunter senkest, und dich selbst, ungebeten, ungesucht, unverdient mir anbietest, mein Gott zu sein, dich meiner anzunehmen, und willst in allen Nöten mein Trost, Schutz, Hilfe und Stärke sein; so doch sonst wir armen, blinden Menschen so mancherlei Götter gesucht haben und noch suchen müßten, wo du dich nicht selbst so öffentlich hören ließest, und uns in unserer menschlichen Sprache dich anbötest, daß du unser Gott sein wollest, wer kann dir dafür ewig und genug danken?

Zum dritten: beichte und bekenne ich meine große Sünde und Undankbarkeit, daß ich solche schöne Lehre und hohe Gabe durch mein ganzes Leben so schändlich verachtet, und mit unzähligen Abgöttereien deinen Zorn so greulich gereizt habe; das ist mir leid und bitte um Gnade.

Zum vierten: bitte ich und spreche, ach mein Gott und Herr, hilf mir durch deine Gnade, daß ich solch dein Gebot möge täglich je besser kennen lernen und verstehen, und mit herzlicher Zuversicht darnach tun. Behüte ja mein Herz, daß ich nicht mehr so vergessen und undankbar werde, keine andere Götter noch Trost auf Erden, noch in allen Kreaturen suche, sondern allein rein und fein an dir, meinem einigen Gott, bleibe, Amen. Lieber Herr Gott, Vater, Amen.

152.
Das andere Gebot: *Du sollst den Namen des Herrn, deines Gottes, nicht mißbrauchen.*

Hier lehrest du mich, lieber Gott: daß ich deinen Namen soll herrlich, heilig und schön halten, nicht dabei schwören, fluchen, lügen, nicht hoffärtig sein, noch eigene Ehre oder Namen suchen; sondern demütiglich deinen Namen anrufen, anbeten, preisen und rühmen, und lassen das alle meine Ehre und Ruhm sein, daß du mein Gott bist, und ich deine arme Kreatur und unwürdiger Knecht bin.

Zum andern: danke ich dir der herrlichen Gaben, daß du mir deinen Namen offenbaret und gegeben hast, daß ich mich deines Namens rühmen kann, und mich Gottes Diener und deine Kreatur nennen lasse, daß dein Name meine Zuflucht ist, wie eine feste Burg (als Salomo sagt Sprüche 18) zu welcher fleucht der Gerechte und wird beschirmet.

Zum dritten: beichte und bekenne ich meine schändliche schwere Sünde, wider dies Gebot mein Lebtag getan, da ich deinen Namen nicht allein unangerufen, ungerühmet und ungeehret gelassen habe, sondern auch undankbar für solche Gabe gewesen bin und denselben zu allerlei Schanden und Sünden gemißbraucht, mit Schwören, Lügen, Trügen, das mir leid ist, und bitte um Gnade und Vergebung.

Zum vierten: bitte ich um Hilfe und Stärke, daß ich hinfort solch Gebot wohl lernen möge, behüte mich, lieber Herr, vor solcher schändlichen Undankbarkeit, Mißbrauch und Sünden wider deinen heiligen Namen; hingegen laß mich dankbar erfunden werden, und in rechter Furcht und Ehre deines Namens. Amen.

153.
Das dritte Gebot: *Gedenke, daß du den Feiertag heiligest.*

Hierinnen lehrst du mich, lieber Gott, erstlich: daß der Feiertag eingesetzt ist nicht zum Müßiggang, noch zu fleischlicher Wollust, sondern daß er von uns soll geheiliget werden. Durch unser Werk aber und Tun wird er nicht geheiliget, denn unsere Werke sind nicht heilig; sondern durchs Wort Gottes, welches allein ganz rein und heilig ist, und alles heiliget, was damit umgehet, es sei Zeit, Stätte, Person, Werk, Ruhe. Denn durch das Werk Gottes werden unsere Werke auch geheiliget, wie St. Paulus I Tim. 4. sagt, daß auch alle Kreatur geheiliget werde durchs Wort und Gebet; darum erinnere ich hierin, daß ich am Feiertage soll zuförderst Gottes Wort hören und bedenken, danach im selben Wort danken, Gott loben für alle seine Wohltat und beten für mich und alle Welt. Wer sich nun also hält am Feiertag, der heiliget den Feiertag; wer es nicht tut, der tut ärger, denn die, so daran arbeiten.

Zum andern: danke ich in diesem Gebot dir, lieber Herr Gott, für deine große, schöne Wohltat und Gnade, daß du uns dein Wort und Predigt gegeben hast, und auf den Feiertag sonderlich zu üben befohlen, welchen Schatz kein menschlich Herz genugsam bedenken kann, denn dein Wort ist das einige Licht in der Finsternis dieses Lebens und ein Wort des Lebens, Trostes und aller Seligkeit; und wo das liebe heilsame Wort nicht ist, da ist eitel schändliche, greuliche Finsternis, Irrtum, Rotten, Tod, alles Unglück und des Teufels eigene Tyrannei, die wir täglich vor Augen sehen.

Zum dritten: beichte und bekenne ich meine große Sünde und schändliche Undankbarkeit, daß ich die Feiertage meine Lebtage so schändlich habe zugebracht, und dein teuer wertes Wort so jämmerlich verachtet, so faul, unlustig und überdrüssig dasselbe zu hören gewesen, geschweige, daß ich's herzlich begehret, oder jemals dafür gedankt hätte; habe also dich, meinen lieben Gott, umsonst mir predigen und den edeln Schatz fahren lassen, und mit Füßen darüber gegangen, welches du mit eitel göttlicher Güte von mir geduldet, und darum nicht abgelassen, immerfort mir zu predigen und zu rufen zu meiner Seelen Seligkeit, mit aller väterlichen, göttlichen Liebe und Treue, das ist mir leid und bitte um Gnade und Vergebung.

Zum vierten: bete ich für mich und alle Welt, daß du, lieber Vater, uns wollest bei deinem heiligen Wort erhalten und dasselbe nicht von uns nehmen, um unserer Sünde, Undankbarkeit und Faulheit willen. Wollest uns behüten vor Rottengeistern und falschen Lehrern, sende uns rechte und treue Arbeiter in deine Ernte, das ist, treue und fromme Pfarrherren und Prediger; gib uns allen auch Gnade, daß wir derselben Wort demütig hören, annehmen und ehren, dazu auch von Herzen dafür dir danken und dich loben. Amen.

154.
Das vierte Gebot: *Du sollst deinen Vater und deine Mutter ehren, auf daß dir's wohl gehe und du lange lebest auf Erden.*

Hier lerne ich erstlich: dich Gott meinen Schöpfer erkennen, wie wunderbarlich du mich mit Leib und Seele geschaffen, aus meinen Eltern das Leben gegeben; du hast ihnen das Herz gegeben, daß sie mir, als ihrer Leibesfrucht, mit allen Kräften gedienet, mich zur Welt gebracht, ernähret, mein gewartet, gepfleget und mich erzogen, mit großem Fleiß, Sorge, Gefahr, Mühe und Arbeit; und bis auf diese Stunde hast du mich, dein Geschöpf, an Leib und Seel vor unzähliger Fähr und Not behütet, und auch öfters geholfen, als schafftest du mich alle Stunden auf's neue, denn der Teufel uns nicht einen Augenblick das Leben gönnet.

Zum andern: danke ich dir, meinem reichen und gütigen Schöpfer, für mich und alle Welt, daß du in diesem Gebot gestiftet und bewahret hast Vermehrung und Erhaltung des menschlichen Geschlechts, das ist Haus- und Stadtwesen. Denn ohne diese zwei Wesen oder Regiment könnte die Welt nicht ein Jahr stehen, weil ohne weltlich Regiment kein Friede ist; wo kein Friede ist, kann kein Hauswesen sein, wo kein Hauswesen ist, da können keine Kinder gezeugt noch geboren werden, und müßte Vater- und Mutterstand ganz aufhören. Aber dafür stehest du in diesem Gebote, hältst und bewahrest beides, Haus- und Stadtwesen, gebietest den Kindern und Untertanen Gehorsam, hältst auch darüber, daß es muß geschehen, oder, wo es nicht geschieht, läßt du es nicht ungestraft; sonst hätten die Kinder durch Ungehorsam längst alles Hauswesen, und die Untertanen durch Aufruhr das Stadtwesen zerrissen und wüste gemacht, weil ihrer viel mehr ist, denn der Eltern und Regenten. Darum ist solche deine Wohltat auch unaussprechlich.

Zum dritten: beichte und bekenne ich dir meinen leidigen Ungehorsam und Sünde, daß ich wider dein, meines Gottes, Gebot meine Eltern nicht geehret, noch ihnen gehorsam gewesen bin, sie oft erzürnet und beleidiget, ihre väterliche Strafe mit Ungeduld angenommen, wider sie gemurret, ihre treue Vermahnung verachtet, vielmehr loser Gesellschaft und bösen Buben gefolgt, so du doch selbst solchen ungehorsamen Kindern fluchest und langes Leben absprichst, wie dann auch viele darüber schändlich untergehen und umkommen, ehe sie zu Leuten werden; denn wer Vater und Mutter nicht gehorchet, muß dem Henker gehorchen, oder sonst durch Gottes Zorn böslich um sein Leben kommen. Solches alles ist mir leid und bitte dich um Gnade und Vergebung.

Zum vierten: bitte ich für mich und alle Welt, daß du, lieber Vater, uns wollest deine Gnade verleihen und deinen Segen reichlich ausschütten, beides über Haus- und Stadtwesen, daß wir hinfort fromm werden, die Eltern ehrlich halten, den Herrschaften gehorsam seien, dem Teufel widerstehen und seinem Reize nicht folgen zu Ungehorsam und Unfriede, und also mit der Tat helfen das Haus und Land bessern, den Frieden erhalten, dir zu Lob und Ehre, uns selbst zu Nutz und allem Guten, daß wir solche deine Gabe erkennen und dafür danken. Verleihe auch den Eltern und Oberherren Verstand und Weisheit, friedlich und seliglich uns vorzustehen und zu regieren. Behüte sie vor Tyrannei, Toben und Wüten, und wende sie davon; daß sie dein Wort ehren, nicht verfolgen, noch jemand Unrecht tun. Denn wo solches nicht geschiehet, ist der Teufel der oberste Abt zu Hofe, und gehet übel und wüste zu.

Auch sollen Mutter und Vater des Gebets für Kinder und Gesinde nicht vergessen:

Lieber Vater du hast mich in deines Namens und Amts Ehre gesetzt, und willst mich Vater gennenet und geehret haben; verleihe mir Gnade und Segen, mein Weib, Kinder und Gesinde göttlich und christlich zu regieren und zu ernähren; gib mir Weisheit und Kraft, sie wohl zu erziehen! Gib ihnen ein gut Herz und Willen, deiner Lehre zu folgen und gehorsam zu sein; denn es sind deine Gaben, beides, Kinder und ihr Gedeihen, beides, wohlgeraten und gutbleiben, sonst wird ein Haus nicht anders denn ein Saustall, ja eine Bubenschule, wie man siehet bei den gottlosen, rohen Leuten.

155.
Das fünfte Gebot: *Du sollst nicht töten.*

Hier lerne ich erstlich: daß Gott von mir will haben, ich solle meinen Nächsten lieben, also daß ich ihm kein Leid soll tun an seinem Leibe, weder mit Worten noch mit Werken, nicht durch Zorn, Ungeduld, Neid, Haß oder einige Bosheit mich an ihm rächen oder ihm Schaden tun; sondern soll wissen, daß ich schuldig bin ihm zu helfen und raten in allen Leibesnöten. Denn er hat mir mit diesem Gebot meines Nächsten Leib zu bewahren befohlen, und wiederum meinem Nächsten befohlen, meinen Leib zu bewahren. Und, wie Sirach spricht: Er hat unser jeglichen seinem Nächsten befohlen.

Zum andern: danke ich hier solcher unaussprechlichen Liebe, Sorge und Treue gegen mich, daß er eine solche große, starke Hut und Mauer um meinen Leib hergestellt hat, daß alle Menschen sollen schuldig sein, mein zu schonen und mich zu behüten, und wiederum ich auch gegen alle Menschen; hält auch darüber, und wo es nicht geschieht, hat er das Schwert befohlen zur Strafe derjenigen, die es nicht tun. Sonst wo solch sein Gebot und Stift nicht wäre, sollte der Teufel ein solch Morden unter uns Menschen anrichten, daß keiner nicht eine Stunde sicher leben könnte; wie es denn geschieht, wenn Gott erzürnet, und die ungehorsame und undankbare Welt strafet.

Zum dritten: beichte und klage ich hier über meine und der Welt Bosheit, daß wir nicht allein so greulich undankbar sind, für solche seine väterliche Liebe und Sorge für uns, sondern, das doch ja zumal schändlich ist, daß wir solch Gebot und Lehre nicht kennen, auch nicht lernen wollen, sondern verachten, als gings uns nicht an, oder als hätten wir nichts davon. Gehen dazu sicher dahin, machen uns kein Gewissen, daß wir unseren Nächsten wider dies Gebot so verachten, verlassen, ja verfolgen und verletzen, oder auch im Herzen wohl töten, folgen unserem Zorn, Grimm und aller Bosheit, als täten wir recht und wohl daran. Fürwahr, hier ist Klagens und Schreiens Zeit über uns böse Buben und blinde, wilde und ungütige Leute, die wir, wie die grimmigen Tiere, untereinander uns treten, stoßen, kratzen, reißen, beißen und fressen, und fürchten solch ernst Gebot Gottes nicht.

Zum vierten: bitte ich dich, lieber Vater, du wollest uns Gnade verleihen, solch dein heilig Gebot zu erkennen, und helfen, daß wir uns auch danach halten und leben; behüte uns alle untereinander vor dem Mörder, der alles Mordens und Schadens Meister ist, und gib deine reiche Gnade, daß die Leute und wir mit ihnen gegeneinander freundlich, sanft und gütig werden, einander herzlich vergeben, und einer des andern Fehl und Gebrechen christlich und brüderlich trage, und also im rechten Frieden und Einigkeit leben, wie dies Gebot uns lehret und fordert.

156.
Das sechste Gebot: *Du sollst nicht ehebrechen.*

Hier lehrest du mich abermals, lieber Gott, was du gedenkest über mich, und was du von mir haben willst: nämlich, daß ich soll keusch und züchtig und mäßig leben, beide mit Gedanken, Worten und Werken, und einem jeglichen sein Weib, Tochter, Magd soll ungeschändet lassen; hingegen helfen, retten, schützen und alles tun, was zur Erhaltung ihrer Ehren und Zucht dienet; auch helfen die unnützen Mäuler stopfen, so ihnen ihre Ehre abschneiden oder stehlen. Denn solches alles bin ich schuldig, und Gott will's von mir haben, daß ich nicht allein meines Nächsten Weib und die Seinen soll ungeschändet lassen, sondern auch schuldig sein, daß ich seine Zucht und Ehre helfe erhalten und bewahren, wie ich wollte, daß mein Nächster gegen mich solches tun müsse, und dies Gebot an mir und den Meinen üben.

Zum andern: danke ich dir, lieber treuer Vater, für solche deine Gnade und Wohltat, daß du mit diesem Gebot in deinen Schutz nimmst meinen Mann, Sohn, Knecht, Weib, Tochter, Magd, und verbietest so ernstlich und hart, daß man sie nicht zu Schanden soll machen, denn du gibst mir sicher Geleit, hältst auch darüber, und lässest nicht ungestraft, sollst du es auch selber tun, wo jemand solch Gebot und Geleit übertritt und bricht; es entläuft dir keiner, er muß es entweder hier bezahlen, oder solche Lust zuletzt im höllischen Feuer büßen. Denn du willst Keuschheit haben und Ehebruch nicht leiden, wie wir es denn täglich sehen in allen unbußfertigen, ruchlosen Leuten, daß sie endlich dein Zorn ergreift und schändlich hinrichtet, sonst wäre es nicht möglich, vor dem unsaubern Teufel eine Stunde sein Weib, Kind, Gesinde bei Zucht und Ehren zu erhalten, es würden eitel Hundehochzeiten und viehisch Wesen draus, wie es gehet, wo du im Zorn deine Hand abtust und lässest es über und über gehen.

Zum dritten: beichte und bekenne ich dir meine Sünde und aller Welt wie ich wider dies Gebot gesündiget habe, es sei mit Gedanken, Worten und Werken, mein Lebtage, und nicht allein undankbar gewesen bin für solche schöne Lehre und Gebot, sondern auch wohl wider dich gemurret habe, daß du solche Zucht und Keuschheit geboten, und nicht allerlei Unzucht und Büberei frei und ungestraft gelassen hast, den Ehestand verachtet, verspottet, verdammt gehalten usw. Wie denn dieses Gebots

Sünden vor allen anderen die gröbsten und allerkenntlichsten sind, keinen Deckel noch Schminklein haben; das ist mir leid!

Zum vierten: bitte ich dich, für mich und alle Welt, du wollest uns geben Gnad, solch dein Gebot mit Lust und Liebe zu halten, daß wir nicht allein keusch leben, sondern auch andern dazu helfen und raten.

157.
Das siebente Gebot: *Du sollst nicht stehlen.*

Erstlich lehrest du mich: ich soll meines Nächsten Güter nicht nehmen, noch haben wider seinen Willen, weder heimlich noch offenbar, nicht untreu noch falsch sein mit Handeln, Dienen, Arbeiten, damit ich das Meine nicht diebisch gewinne, sondern solle mich im Schweiß meiner Nase nähren, und mein eigen Brot essen, mit allen Treuen; ich solle auch helfen, daß meinem Nächsten (gleich wie mir selbst) das Seine durch obgenannte Stücke nicht abgenommen werde. Ich lerne auch, daß du durch solch Gebot mein Gut befriedest und verhegest aus väterlicher Sorge und großem Ernst, weil du verbietest, man soll mir nichts stehlen; und wo man es tut, so hast du die Strafe darauf gelegt, den Galgen und Strick Meister Hansen befohlen, oder, wo der nicht kann, so strafest du es doch selbst, daß sie zuletzt müssen Bettler werden, wie man spricht: wer jung stiehlt, der geht im Alter betteln; unrecht Gut dauert nicht; und übel gewonnen, böslich zerronnen.

Zum andern: danke ich deiner Treue und Güte, daß du mir und aller Welt so gute Lehre, und damit auch Schutz und Schirm gegeben hast; denn wo du nicht schütztest, bliebe keinem kein Heller noch Bissen Brot im Hause.

Zum dritten: beichte ich alle meine Sünde und Undankbarkeit, wo ich jemand Unrecht und zu kurz und untreu getan habe mein Lebelang.

Zum vierten: bitte ich dich, lieber Vater, du wollest mir deine Gnade verleihen, daß ich und alle Welt solche deine Gebote doch lernen und bedenken mögen, uns auch davon bessern, daß doch des Stehlens, Raubens, Schindens, Untreuens, Unrechts weniger werde, und im kurzen durch den jüngsten Tag, da alle aller Heiligen und Kreaturen Gebete hindringen (Röm. 8.) gar ein Ende werde. Amen.

158.
Das achte Gebot: *Du sollst nicht falsch Zeugnis reden wider deinen Nächsten.*

Hier lehrest du uns, lieber Vater, erstlich: wahrhaftig untereinander sein und allerlei Lügen und Verleumden meiden, gern das Beste von andern reden und hören, und hast damit unserem Gerücht und Unschuld eine Mauer und Schutz gestiftet, wider böse Mäuler und böse Zungen, welche du auch nicht ungestraft läßt.

Deß danke ich dir zum andern hiermit: beide für die Lehre und Schutz, die du uns so gnädiglich hiermit gibst.

Zum dritten: beichte und begehre ich Gnade, daß ich mein Lebtage so undankbar und sündlich zugebracht habe mit Lügen, falschen, bösen Mäulern wider unseren Nächsten, dem wir doch schuldig sind Rettung aller seiner Ehre und Unschuld, wie wir selbst gerne hätten.

Zum vierten: bitten wir dich um Hilfe, solch Gebot hinfort zu halten, und um eine heilsame Zunge.

159.
Das neunte und zehnte Gebot: *Du sollst nicht begehren deines Nächsten Haus; du sollst nicht begehren deines Nächsten Weib, Knecht, Magd, Vieh oder alles, was sein ist.*

Hier lehrest du uns erstlich, lieber Gott: wie wir mit keinem Schein des Rechtens unseres Nächsten Güter, und was sein ist, ihm abspannen, abwenden oder abdringen sollen; sondern helfen, daß ers behalten möge, wie wir's selbst gerne wollten, daß es uns geschehe; und du bist auch ein Schutz wider die spitzigen Fundlein und Ränke der Weltweisen, die doch auch ihre Strafe zuletzt kriegen.

Für solches alles danke ich dir auch, und beichte meine Sünde mit Reue und Leide, und bitte um Hilfe und Stärke, fromm zu werden und solch dein Gebot zu halten.

160.
Vom Glauben.
Der erste Artikel: Von der Schöpfung.
Ich glaube an Gott, den Vater, allmächtigen Schöpfer Himmels und der Erden.

Erstlich lehrest du mich hier, einiger Gott, mit kurzen Worten: wer ich bin und wo ich herkomme, nämlich, daß ich dein Geschöpf bin, dein Gemächte, Kreatur und Werk; denn von mir selbst bin ich nichts, kann nichts, weiß nichts, vermag nichts, denn was bin ich vor tausend Jahren gewesen? was ist Himmel und Erde vor sechstausend Jahren gewesen? ebenso gar nichts, als das Nichts ist, so nimmer nicht geschaffen soll werden; was ich aber bin, weiß, kann und vermag, das ist dein Geschöpf. Ich habe mich vor dir nichts zu rühmen, denn daß ich gar nichts bin und du mein Schöpfer bist, und mich alle Augenblick zunichtemachen kannst.

Zum andern: danke ich dir dessen von Herzen, daß wir durch deine Güte aus nichts geschaffen sind und aus nichts täglich erhalten werden, ein solch fein Geschöpf, das Leib und Seele, Vernunft, fünf Sinne hat, und daß du uns zu Herren über die Erde, Fische, Vögel, Tiere gesetzt hast.

Zum dritten: beichte und klage ich über meinen Unglauben und Undankbarkeit, daß ich solches nicht zu Herzen genommen, geglaubt, bedacht noch erkannt habe, ärger, denn die unvernünftigen Tiere.

Zum vierten: bitte ich dich um rechten gewissen Glauben, daß ich dich, meinen lieben Gott, für meinen Schöpfer hinfort ernstlich glauben und halten möge. Amen.

161.
Vom Glauben.
Der andere Artikel: *Von der Erlösung.*

Und an Jesum Christum, seinen eingebornen Sohn, unsern Herrn, der empfangen ist von dem Heiligen Geist, geboren von der Jungfrau Maria, gelitten unter Pontio Pilato, gekreuziget, gestorben und begraben, niedergefahren zur Höllen, am dritten Tage wieder auferstanden von den Toten, aufgefahren gen Himmel, sitzend zur Rechten Gottes, des allmächtigen Vaters, von dannen er kommen wird, zu richten die Lebendigen und die Toten.

Hier lehrest du mich erstlich, lieber Gott: wie wir durch Christum deinen Sohn erlöset sind von dem Tode, darein wir nach der Schöpfung durch Adams Sünde gefallen sind und ewiglich verderben müßten. Wie ich nun im ersten Artikel mich selbst auch für eine unter den Kreaturen Gottes rechnen muß und nicht daran zweifeln darf: also muß ich mich auch hier für einen unter den Erlöseten rechnen und nicht zweifeln, und bei allen Worten setzen das erste Wort (unsern) als Jesum Christum, unsern Herrn. Weil er aber unser Jesus Christus, unser Heil ist, so glaube ich, daß er für uns gelitten, für uns gestorben, uns zu gut auferstanden und daß es alles unser sei und uns gelte, und daß ich unter denselben (unsern) mitbegriffen sei, wie es das Wort selbst gibt.

Zum andern: danke ich dir herzlich für solche große Gnade, und bin fröhlich über solche Erlösung.

Zum dritten: beichte und klage ich über den schändlichen Unglauben und Zweifel an solchen Gnaden, wie ich hier wieder viel Abgötterei verübt mit so viel Heiligendienst und unzählig eigenen Werken, die solcher Erlösung widerstrebt haben.

Zum vierten: bitte ich dich, lieber Vater, du wollest mich bei rechtem reinen Glauben an Christum, meinen Herrn, hinfort halten bis ans Ende. Amen.

162.
Vom Glauben.
Der dritte Artikel: *Von der Heiligung.*

Ich glaube an den Heiligen Geist, eine heilige, christliche Kirche, die Gemeine der Heiligen, Vergebung der Sünden, Auferstehung des Fleisches und ein ewiges Leben. Amen.

Hiermit lehrest du mich, lieber Gott und Vater, wo ich solchen Schöpfer und Erlöser auf Erden äußerlich finden und antreffen soll und wo es alles zuletzt bleiben werde, nämlich wo die heilige christliche Kirche ist, da findet man Gott Schöpfer, Gott Erlöser und Gott Heiligen Geist, der da täglich heiliget durch Vergebung der Sünden; da ist aber die Kirche, wo Gottes Wort von solchem Glauben recht geprediget und bekannt wird.

Zum andern: danke ich dir, daß du mich auch in solche Kirche hast kommen lassen und hinein berufen.

Zum dritten: beichte und klage ich dir über meinen Unglauben und Undankbarkeit, daß ich solches alles nicht geachtet habe.

Zum vierten: bitte ich dich um recht festen Glauben, der da harre und bleibe bis ich komme dahin, da es alles bleiben wird ewiglich, das ist nach der Auferstehung von den Toten, im ewigen Leben. Amen.

163.
Das Vaterunser.

Ach Gott Vater im Himmel, du wollest uns, deine elenden Kinder auf Erden, barmherziglich ansehen und Gnade verleihen.

1. Daß dein heiliger Name unter uns und in aller Welt geheiliget werde durch reine, rechtschaffene Lehre deines Wortes und durch brünstige Liebe unsers Lebens; wollest gnädiglich abwenden alle falsche Lehr und böses Leben, darin dein werter Name gelästert und geschändet wird.

2. Daß auch dein Reich zukomme und gemehret werde, wollest du alle Sünder, Verblendete und vom Teufel in seinem Reiche Gefangene zur Erkenntnis des rechten Glaubens an Jesum Christum, deinen Sohn, bringen und die Zahl der Christenheit groß machen.

3. Daß wir auch mit deinem Geist gestärket werden, deinen Willen zu tun und zu leiden, wollest du beide, im Leben und Sterben, in Gutem und Bösem, allezeit unsern Willen brechen, opfern und töten.

4. Wollest uns auch unser täglich Brot geben, vor Geiz und Sorge des Bauchs behüten; hingegen uns alles Gutes genug zu dir versehen lassen.

5. Wollest auch unsere Schuld vergeben, wie wir denn unsern Schuldigern vergeben, daß unser Herz ein sicher, fröhlich Gewissen vor dir habe und wir vor keiner Sünde uns nimmer fürchten noch erschrecken.

6. Wollest uns nicht einführen in Anfechtungen, sondern hilf uns durch deinen Geist das Fleisch zwingen, die Welt mit ihrem Wesen verachten und den Teufel mit allen seinen Tücken überwinden.

7. Und zuletzt wollest uns erlösen von allem Übel, beide leiblich und geistlich, zeitlich und ewiglich. Amen. Ich glaube ohn allen Zweifel, dies mein Gebet sei ja und erhöret im Himmel, weil uns Christus zugesagt: Was ihr bittet, glaubet daß ihrs haben werdet, so soll's geschehen. Amen. Amen.

164.
Eine andere Form, das Vaterunser zu beten.

Vater unser, der du bist im Himmel.
O Vater unser, der du bist in dem Himmel! wir, deine Kinder auf Erden, von dir gesondert im Elend, wie ein groß Mittel ist zwischen dir und uns! Wie sollen wir immer heim kommen zu dir in unser Vaterland?

Die erste Bitte: *Geheiliget werde dein Name.*
O Vater, das ist leider wahr, wir erkennen unsere Schuld, sei du unser gnädiger Vater und rechne nicht

mit uns, sondern gib deine Gnade, daß wir also leben, daß dein heiliger Name in uns geheiliget werde. Laß uns ja nichts gedenken, reden, tun, haben oder vornehmen, es sei denn dein Lob und Ehre drinnen, daß also vor allen Dingen deine Ehre und Namen, nicht unsere eigene eitle Ehre und Namen in uns gesucht werde. Gib uns, daß wir dich wie die Kinder einen Vater lieben, fürchten und ehren. Amen.

Die andere Bitte: *Dein Reich komme.*

O Vater, das ist wahr, wir empfinden, daß unsere Gliedmaßen zur Sünde geneigt, und die Welt, Fleisch und Teufel in uns regieren wollen und also deine Ehre und Namen austreiben. Darum bitten wir: hilf uns aus diesem Elende, laß dein Reich kommen, daß die Sünde vertrieben und wir fromm, dir behäglich gemacht, du allein in uns regierest und wir dein Reich werden mögen in Gehorsam aller unserer Kräfte inwendig und auswendig.

Die dritte Bitte: *Dein Wille geschehe, wie im Himmel, also auch auf Erden.*

Das ist uns leid, daß wir deine heilsame Hand nicht verstehen noch leiden. O Vater, gib Gnade und hilf, daß wir deinen göttlichen Willen in uns lassen geschehen; ja ob es uns wehe tut, so fahre du fort, strafe, stich, haue, brenne, mach alles, was du willst, daß nur dein Wille und ja nicht der unsere geschehe. Wehre, lieber Vater, und laß nichts nach unserm Gutdünken, Willen und Meinung vornehmen und vollbringen, denn unser und dein Wille sind wider einander; deiner allein ist gut, ob er wohl nicht scheinet; unser böse, ob er wohl gleißet.

Die vierte Bitte: *Unser täglich Brot gib uns heute.*
Ach Vater, es ist ja wahr, niemand kann stark sein in seinen Kräften, und wer mag vor deiner Hand bleiben, so du nicht selbst uns stärkest und tröstest? Darum, lieber Vater, greif uns an, vollbringe deinen Willen, daß wir dein Reich werden, dir zu Lob und Ehren. Aber, lieber Vater, stärke uns in solchem Handel mit deinem heiligen Wort, gib uns unser täglich Brot, bilde in unser Herz deinen lieben Sohn Jesum Christum, das wahre Himmelsbrot, daß wir durch ihn gestärkt, fröhlich tragen und leiden mögen Abbruch und Tötung unsers Willens und Vollbringung deines Willens; ja gib auch Gnade der ganzen Christenheit, sende uns gelehrte Priester und Prediger, die uns nicht Trestern und Spreuen eitler Fabeln, sondern dein heilig Evangelium und Jesum Christum lehren. Amen.
Die fünfte Bitte: *Vergib uns unsere Schuld, wie wir vergeben unsern Schuldigern.*
Ach Vater, das laß dich erbarmen und versage uns nicht darum das liebe Brot, daß wir nicht genug tun deinem heiligen Wort, welches uns leid ist, und bitten, du wollest Geduld mit uns armen Kindern haben und uns erlassen solche unsere Schuld, und ja nicht mit uns ins Gericht gehen, denn niemand vor dir gerechtfertigt ist. Siehe an dein Verheißen, daß wir unsern Schuldigern herzlich vergeben, denn du hast Vergebung versprochen, nicht daß wir durch solche Vergebung würdig sind deiner Vergebung, sondern daß du wahrhaftig bist und gnädiglich Vergebung versprochen allen, die ihrem Nächsten

vergeben; auf dieses dein Versprechen verlassen wir uns. Amen.

Die sechste Bitte: *Führe uns nicht in Versuchung.*

Schwach und krank sind wir, o Vater, und ist die Anfechtung groß und mannigfaltig in Fleisch und in der Welt. O lieber Vater, halte uns und laß uns nicht in die Anfechtung fallen und wieder sündigen, sondern gib uns Gnade, daß wir beständig bleiben und ritterlich fechten bis an unser Ende, denn ohne deine Gnade und Hilfe vermögen wir nichts. Amen.

Die siebente Bitte: *Erlöse uns von dem Übel.*

Dieweil denn das Übel uns Anfechtung gibt und mit Sünden anficht, so erlöse uns, lieber Vater, daraus, auf daß wir von allen Sünden und Übel nach deinem göttlichen Willen erlöst, dir ein Reich sein mögen, dich ewiglich zu loben, preisen und heiligen. Amen. Und dieweil du uns so hast gelehret und geboten zu beten und Erhörung verheißen, hoffen wir und sind gewiß, o allerliebster Vater, du wirst deiner Wahrheit zu Ehren dies alles uns gnädiglich und barmherzig geben. Amen.

Beschluß: *Amen...*

O Gott Vater, diese Dinge, die ich gebeten hab, zweifle ich nicht, sie seien gewiß wahr und werden geschehen, nicht darum, daß ich sie gebeten habe, sondern daß du sie hast heißen bitten und gewißlich zugesaget. So bin ich gewiß, daß du, Gott, wahrhaftig bist, kannst nicht lügen, und also nicht meines Gebets Würdigkeit, sondern deiner Wahrheit Gewißheit macht, daß ich's festiglich glaube und nicht zweifele, es wird ein Amen daraus werden und ein Amen sein. Amen.

165.
Vorrede des Vaterunsers.

Vater unser, der du bist im Himmel.
Ach himmlischer Vater, du lieber Gott, ich bin ein armer, unwürdiger Sünder, nicht wert, daß ich meine Augen oder Hände gegen dich aufhebe oder bete. Aber weil du uns Allen hast geboten zu beten, und dazu auch Erhörung verheißen und über das selbst uns beides, Wort und Weise, gelehret durch deinen lieben Sohn, unsern Herrn Jesum Christum, so komm ich auf solch dein Gebot, dir gehorsam zu sein, und verlasse mich auf deine gnädige Verheißung, und im Namen meines Herrn Jesu Christi bete ich mit allen deinen heiligen Christen auf Erden wie er mich gelehret hat: *Vater unser etc.*

166.
Die erste Bitte: *Geheiliget werde dein Name.*

Ach ja, lieber Gott Vater, heilige doch deinen Namen, beide, in uns selbst und in aller Welt; zerstöre und vertilge die greuliche Abgötterei und Ketzerei der Türken, des Papstes und aller falschen Lehrer und Rottengeister, die deinen Namen fälschlich führen und so schändlich mißbrauchen, und greulich lästern, sagen und rühmen, es sei dein Wort und der Kirchen Gebot, so es doch des Teufels Lüge und Trügerei ist, damit sie unter deinem Namen so viel armer Seelen jämmerlich verführen in der ganzen Welt, und darüber auch töten, unschuldig Blut vergießen und verfolgen, und meinen dir damit einen Gottesdienst zu tun.

Lieber Herr Gott, hier bekehre und wehre, bekehre die, so noch sollen bekehret werden, daß sie mit uns und wir mit ihnen deinen Namen heiligen und preisen, beide, mit rechter reiner Lehre und gutem heiligen Leben. Wehre aber denen, die sich nicht bekehren wollen, daß sie aufhören müssen deinen heiligen Namen zu mißbrauchen, schänden und entehren und die armen Leute zu verführen. Amen.

167.
Die andere Bitte: *Dein Reich komme.*

Ach lieber Herr Gott Vater, du siehest, wie nicht allein der Welt Weisheit und Vernunft deinen Namen schändet und deine Ehre den Lügen und dem Teufel gibt, sondern alle ihre Gewalt, Macht, Reichtum und Ehre, die du auf Erden ihnen gegeben hast, weltlich zu regieren und dir damit zu dienen, wider dein Reich setzet und strebet. Sie sind groß, mächtig und viel, dick, fett und satt, und plagen, hindern, verstören den geringen Haufen deines Reichs, die schwach, verachtet und wenig sind, wollen sie auf Erden nicht leiden, meinen gleichwohl einen großen Gottesdienst dir zu tun. Lieber Herr Gott Vater, hier bekehre und wehre, bekehre, die noch sollen Kinder und Glieder deines Reichs werden, daß sie mit uns und wir mit ihnen dir in deinem Reich im rechten Glauben und wahrhaftiger Liebe dienen und aus diesem angefangenen Reich in das ewige Reich kommen. Wehre aber denen, so ihre Macht und Vermögen nicht wollen abkehren lassen von deines Reichs Verstörung, daß sie vom Stuhl gestürzet und gedemütigt ablassen müssen. Amen.

168.
Die dritte Bitte: *Dein Wille geschehe, wie im Himmel, also auch auf Erden.*

Ach lieber Herr Gott Vater, du weißest, wie die Welt, wo sie nicht kann deinen Namen ganz zunichtemachen und dein Reich ganz vertilgen, so gehen sie doch Tag und Nacht mit bösen Tücken um, treiben viel Ränke und seltsame Anschläge, halten Rat, raunen zusammen, trösten und stärken sich, dräuen und sprühen, gehen voll alles bösen Willens wider deinen Namen, Wort, Reich und Kinder, wie sie dieselbigen umbringen. Darum, lieber Herr Gott Vater, bekehre und wehre. Bekehre, die deinen guten Willen noch erkennen sollen, daß sie mit uns und wir mit ihnen deinem Willen gehorsam seien und darüber alles Übel, Kreuz und Widerwärtigkeit gern, geduldig und fröhlich leiden, und deinen guten, gnädigen, vollkommenen Willen hierinnen erkennen, prüfen und erfahren. Wehre aber denen, so von ihrem Wüten, Toben, Hassen, Dräuen und bösen Willen Schaden zu tun nicht ablassen wollen, und mache ihren Rat, böse Anschläge und Praktiken zunichte und Schanden, daß es über sie selbst ausgehe, wie Ps. 7. singet. Amen.

169.
Die vierte Bitte: *Unser täglich Brot gib uns heute.*

Ach lieber Herr Gott Vater, gib auch deinen Segen in diesem zeitlichen und leiblichen Leben, gib uns gnädiglich den lieben Frieden. Behüte uns vor Krieg und Unfrieden, gib userm lieben Herrn Glück und Heil wider seine Feinde, gib ihm Weisheit und Verstand, daß er sein irdisch Reich ruhiglich und glückselig regiere. Gib allen Königen, Fürsten und Herren guten Rat und Willen, ihre Lande und Leute in Stille und gutem Recht zu erhalten; sonderlich hilf und leite unsern lieben Landesherrn, unter deß Schutz und Schirm du uns bewahrest, daß er vor allem Übel behütet, vor falschen Zungen und untreuen Leuten sicher und seliglich regiere. Gib allen Untertanen Gnade, treulich zu dienen und gehorsam zu sein; gib allen Ständen, Bürgern und Bauern, daß sie fromm werden und einander Liebe und Treue erzeigen, gib gnädiges Wetter und Früchte der Erden. Ich befehle dir auch Haus, Hof, Weib und Kinder. Hilf, daß ich sie wohl regiere und christlich ernähren und erziehen möge. Wehre und steure dem Verderben und allen bösen Engeln, die hierinnen Schaden und Hindernisse tun. Amen.

170.
Die fünfte Bitte: *Vergib uns unsere Schuld, als wir vergeben unsern Schuldigern.*

Ach lieber Herr Gott Vater, gehe nicht mit uns ins Gericht, denn vor dir ist kein lebendiger Mensch gerecht. Ach rechne uns auch nicht zur Sünde, daß wir leider so undankbar sind, für alle deine unaussprechliche Wohltat, geistlich und leiblich, und daß wir täglich vielmals straucheln und sündigen, mehr denn wir wissen und merken können. Aber siehe du nicht an, wie fromm oder böse wir sind, sondern deine grundlose Barmherzigkeit in Christo, deinem lieben Sohn, uns geschenkt. Vergib auch all unsern Feinden und allen, die uns Leid und Unrecht tun, wie auch wir ihnen von Herzen vergeben; denn sie tun ihnen selbst damit das größte Leid, daß sie dich an uns erzürnen, und ist uns mit ihrem Verderben nichts geholfen, sondern wollen sie viel lieber mit uns selig sehen. Amen.

171.
Die sechste Bitte: *Und führe uns nicht in Versuchung.*

Ach lieber Herr Gott Vater, erhalte uns wacker und frisch, hitzig und fleißig in deinem Worte und Dienst, daß wir nicht sicher, faul und träge werden, als hätten wir nun alles, damit uns der grimmige Teufel nicht erschleiche und übereile, und nehme uns wieder dein liebes Wort, oder richte Zwietracht und

Rotten wider uns an, oder führe uns sonst in Sünde und Schande, beide, geistlich und leiblich, sondern gib uns durch deinen Geist Weisheit und Kraft, daß wir ihm ritterlich widerstehen und den Sieg behalten. Amen.

172.
Die siebente Bitte: *Sondern erlöse uns von dem Bösen.*

Ach lieber Herr Gott Vater, es ist doch dieses elende Leben voll Jammers und Unglücks, Unsicherheit, so voll Untreue und Bosheit (wie St. Paulus sagt: Die Tage sind böse), daß wir billig des Lebens müde und des Todes begierig sein sollen. Aber du lieber Vater kennest unsere Schwachheit, drum hilf uns durch solche mannigfaltige Übel und Bosheit sicher fahren, und wenn die Zeit kömmt, gib uns ein gnädiges Stündlein und seligen Abschied von diesem Jammertal, daß wir vor dem Tode nicht erschrecken noch verzagen, sondern mit festem Glauben unsere Seele in deine Hände befehlen. Amen.

Amen.
Wohlan, dies Gebet ist bei Gott erhört; das weiß ich gewiß und fürwahr, d. h. Amen.

173.
Vorrede des Vaterunsers.
Vater unser, der du bist im Himmel.

O allmächtiger Gott, dieweil du durch deine grundlose Barmherzigkeit uns nicht allein zugelassen, sondern auch geboten und gelehret hast durch deinen einigen lieben Sohn, unsern Herrn Jesum Christum, daß wir, durch sein Verdienst und Mittel, dich einen Vater achten und nennen sollen, so du doch billig nach aller Gerechtigkeit ein gestrenger Richter sein möchtest über uns Sünder, die wir so viel und schwerlich wider deinen göttlichen allerbesten Willen getan und dich erzürnet haben. So gib uns durch dieselbe Barmherzigkeit in unser Herz eine tröstliche Zuversicht deiner väterlichen Liebe, und laß uns empfinden den allerlieblichsten Geschmack und Süßigkeit der kindlichen Sicherheit, daß wir mit Freuden dich einen Vater nennen können, lieben und anrufen mögen in allen unseren Nöten. Behüte uns, daß wir deine Kinder bleiben und nicht verschulden, damit wir aus dir, allerliebster Vater, einen schrecklichen Richter, und uns selbst aus Kindern zu Feinden machen.

Du willst auch, daß wir nicht allein Vater, sondern insgemein unser Vater dich anrufen, und also einträchtiglich für allesamt bitten. Darum gib uns eine einträchtliche, brüderliche Liebe, daß wir uns allesamt wahrhaftige Brüder und Schwestern erkennen und achten, und dich einen gemeinen unsern lieben

Vater für all und jedermann bitten, als ein Kind für das andere gegen seinen Vater tut.

Laß niemand unter uns das Seine suchen, oder des andern vor dir vergessen, sondern gib, daß wir, abgetan allen Haß, Neid und Zwietracht, uns als die wahren, frommen Gotteskinder untereinander lieben, und also einträchtiglich sagen mögen: nicht mein Vater, sondern unser Vater.

Auch, dieweil du nicht ein leiblicher Vater bist, der auf Erden ist, sondern, der du im Himmel bist, ein geistlicher Vater, der nicht stirbt und ungewiß ist, oder ihm selbst nicht helfen mag, wie der irdische und leibliche Vater; damit du uns anzeigest, wie übermäßig du ein besserer Vater bist, und lehrest zeitliche Vaterschaft, Vaterland, Freunde, Gut, Fleisch und Blut für dich verachten: so gib uns, o Vater, daß wir auch deine himmlische Kinder sein mögen; lehre uns der Seelen und des himmlischen Erbteils allein wahrnehmen, daß uns das zeitliche Vaterland und irdische Erbgut nicht betrüge, umfange, hindere und ganz zu irdischen Kindern mache; daß wir mit rechtem wahrem Grunde mögen sagen: O himmlischer Vater unser, und wir wahrhaftig deine himmlischen Kinder seien. Amen.

174.
Die erste Bitte: *Geheiliget werde dein Name.*

O allmächtiger Gott, lieber himmlischer Vater, dein heiliger Name wird auf diesem elenden Jammertal, leider so mannigfaltig verunheiliget, verlästert und geschmäht, wird vielen Dingen zugeeignet, da deine Ehre nicht an ist, wird auch in vielen Stücken und zu Sünden mißbrauchet, daß auch das schändliche Leben wohl Schande und Unehre deines heiligen Namens möchte heißen.

So gib uns deine göttliche Gnade, daß wir uns vor alledem behüten, das nicht zu Ehre und Lob deines heiligen Namens gereichet. Hilf, daß alle Zänkerei und falsche Segen abgetan werden; hilf, daß allerlei Beschwerung des Teufels oder Kreaturen durch deinen Namen aufhöre; hilf, daß aller Mißglauben und Aberglauben ausgewurzelt werde; hilf, daß alle Ketzerei, falsche Lehre, die sich im Schein deines Namens dargibt, zunichtewerde; hilf, daß aller falsche Schein der Wahrheit, Frömmigkeit, Heiligkeit niemand betrüge; hilf, daß niemand bei deinem Namen schwöre, lüge oder trüge. Behüte uns vor allem falschen Trost, unter deinem Namen erdichtet; behüte uns vor aller geistlichen Hoffart in eitler Ehre, zeitlichen Ruhms oder Namens. Hilf, daß wir in allen Nöten und Gebrechen deinen heiligen Namen mögen anrufen; hilf, daß wir in der Angst unseres Gewissens und am letzten Sterben deines Namens nicht vergessen; hilf, daß wir in allen unseren Gütern, Worten und Werken dich allein loben und ehren, nicht uns darum einen Namen geben oder suchen, sondern dir allein, deß alle Dinge sind. Behüte uns vor dem schändlichen Laster der Undankbarkeit.

Hilf, daß aus unseren guten Werken und Leben alle anderen gereizt werden, nicht uns, sondern dich in uns zu loben und deinen Namen zu ehren; hilf, daß aus unseren bösen Werken oder Gebrechen niemand geärgert werde, deinen Namen zu unehren oder dein Lob nachzulassen. Behüte uns, daß wir nichts begehren, weder zeitlich noch ewiglich, das nicht deines Namens Ehre und Lob sei, und so wir solches werden bitten, wolltest unsre Torheit nicht erhören. Hilf, daß unser Leben also sei, daß wir als wahrhaftige Kinder Gottes erfunden werden, daß dein väterlicher Namen nicht umsonst oder fälschlich über uns genennet werde. Amen.

175.
Die andere Bitte: *Zu uns komme dein Reich.*

Dies elende Leben ist ein Reich aller Sünde und Bosheit, darinnen ein Herr ist der böse Geist, aller Bosheit und Sünde ein Anfang und Hauptschalk.
Dein Reich aber ist ein Reich aller Gnaden und Tugend, darinnen ein Herr ist Christus Jesus, dein lieber Sohn, aller Gnaden und Tugenden Haupt und Anfang, darum hilf und gnade uns, lieber Vater. Gib uns vor allen Dingen einen rechten beständigen Glauben an Christum, eine unerschrockene Hoffnung in deine Barmherzigkeit, wider alle Blödigkeit unseres sündlichen Gewissens, eine brünstige Liebe zu dir und allen Menschen. Behüte uns vor Unglauben und Verzweifeln und endlichem Neid.
Hilf uns von der unflätigen Lust der Unkeuschheit, und gib uns eine Liebe zu der Jungfrauschaft und allerlei Keuschheit. Hilf uns aus der Zwietracht, Krieg, Unfrieden, und laß zukommen deines Reiches

Tugend, den Frieden und Einigkeit und stille Ruhe. Hilf uns, daß nicht Zorn oder andere Bitterkeit in uns dein Reich überkomme, sondern durch deine Gnade in uns regiere einfältige Süßigkeit und brüderliche Treue und allerlei Freundschaft, Mildigkeit, Sanftmütigkeit. Hilf uns, daß nicht unordentlich Betrübnis und Schwermütigkeit in uns sei, sondern laß zukommen die Freude und Lust in deiner Gnade und Barmherzigkeit.

Und endlich hilf, daß alle Sünde von uns gewandt werde, und wir deiner Gnaden, aller Tugend und guter Werke voll, mögen dein Reich werden, daß alle unsere Herzen, Mut und Sinn mit allen Kräften, inwendig und auswendig dir nach deinen Geboten und Willen untertänig dienen und sich allein von dir regieren lassen, nicht ihnen selbst nach dem Fleische, Welt oder Teufel folgen.

Hilf, daß solch dein Reich angefangen in uns zunehme, und täglich sich bessere und mehre, daß uns nicht überfalle die listige Bosheit, die Trägheit zu Gottes Dienste, auf daß wir nicht zurücke fallen; sondern gib uns einen ernsten Vorsatz und Vermögen, nicht allein anzuheben, fromm zu sein, sondern vielmehr kecklich darin fortzugehen und zu vollbringen, wie der Prophet sagt: Erleuchte meine Augen, daß ich nicht entschlafe oder faul werde im angefangenen guten Leben, und der Feind mein also wieder gewaltig würde.

Hilf, daß wir also beständig bleiben, und daß dein zukünftig Reich dieses angefangene dein Reich beschließe und vollende; hilf uns aus diesem feindlichen fährlichen Leben; hilf uns jenes Leben begehren und diesem feind werden; hilf uns den Tod nicht fürchten, sondern begehren. Wende von uns die Liebe und Anhangen dieses Lebens, auf daß also dein Reich in uns aller Dinge vollbracht werde. Amen.

176.
Die dritte Bitte: *Dein Wille geschehe, als im Himmel und auf Erden.*

Unser Wille, gegen deinen Willen geachtet, ist nimmer gut, sondern allezeit böse; dein Wille aber ist allezeit der beste, überaus auf das höchste zu lieben und zu begehren. Darum erbarme dich unser, o lieber Vater, und laß nicht nach unserm Willen etwas geschehen; gib und lehre uns recht gründlich Geduld haben, wenn unser Wille gebrochen wird oder verhindert. Hilf, so jemand etwas redet, schweiget, tut oder lässet, das unserem Willen zuwider ist, daß wir nicht darum zornig oder böse werden, nicht fluchen, nicht klagen, nicht schreien, nicht richten, nicht verdammen, nicht widersprechen. Hilf, daß wir unsern Widersachern und Verhinderern unseres Willens demütiglich weichen und unseren Willen also fahren lassen, daß wir sie loben, segnen, ihnen wohltun als denen, die deinen göttlichen, allerbesten Willen wider unsern Willen vollbringen.

Gib uns Gnade, daß wir allerlei Krankheit, Armut, Schmach, Leiden und Widerwärtigkeit willig tragen und erkennen, daß dasselbe dein göttlicher Wille sei, unsern Willen zu kreuzigen. Hilf uns, daß wir auch

Unrecht gerne leiden, und behüte uns vor der Rache. Laß uns nicht Böses mit Bösem bezahlen, Gewalt mit Gewalt vertreiben, sondern in solchem deinen Willen, der uns dasselbe zufügt, Wohlgefallen haben, dich loben und dir danken. Laß uns nicht dem Teufel oder bösen Menschen zurechnen, wenn uns etwas wider unsern Willen begegnet, sondern allein deinem göttlichen Willen, der solches alles ordnet zu unseres Willens Hindernis und zu mehrerer Seligkeit in deinem Reiche.

Hilf uns, daß wir willig und fröhlich sterben, und den Tod in deinem Willen gerne aufnehmen, daß wir nicht mit Ungeduld oder Verzagung dir ungehorsam werden. Hilf, daß wir, alle unsere Glieder, Augen, Zungen, Herzen, Hände und Füße nicht ihrer Begierden noch Willen gelassen werden, sondern in deinem Willen gefangen gestecket und gebrochen werden. Behüte uns vor allem bösen, spenstigen, hartmütigen, halsstarrigen, eigensinnigen und eigenen Willen.

Gib uns rechten Gehorsam, eine vollkommene, ledige Gelassenheit, in allen Dingen geistlich, weltlich, zeitlich und ewiglich. Behüte uns vor dem grausamen Laster des Nachredens, Verleumdens, Afterredens, Frevelrichtens, Verdammens, Versprechen anderer Menschen. O das große Unglück und die schwere Plage solcher Zungen wende ferne von uns; hingegen lehre uns, daß wenn wir etwas sehen oder hören sträflich, und uns mißfällig von anderen, daß wir dasselbige schweigen, zudecken, dir allein klagen und deinem Willen heimgeben, und also allen unseren

Schuldigern herzlich vergeben, Mitleiden mit ihnen haben.

Lehre uns erkennen, daß uns niemand Schaden tun mag, er tue sich denn selbst vorhin tausendmal mehr Schaden vor deinen Augen, auf daß wir dadurch mehr zur Barmherzigkeit über ihn, denn zu Zorn beweget werden, mehr sein zu jammern, denn zu rächen. Hilf uns, daß wir uns nicht freuen, wenn es übel geht denen, die unsern Willen nicht getan, oder Leide getan wird denen, die uns Leide getan oder sonst mißfallen in ihrem Leben; auch daß wir uns nicht betrüben, wenn es ihnen wohlgehet. Amen.

177.
Die vierte Bitte: *Unser täglich Brot gib uns heute.*

Das Brot ist unser Herr Jesus Christus, der die Seele speiset und tröstet. Darum, o himmlischer Vater, gib Gnade, daß Christi Leben, Wort, Werke und Leiden uns und aller Welt geprediget, bekannt und behalten werde; hilf, daß wir sein Wort und Werke in allem Leben für ein kräftig Exempel und Spiegel aller Tugenden haben; hilf, daß wir in Leiden und Widerwärtigkeiten uns durch und in seinem Leiden und Kreuz stärken und trösten mögen; hilf, daß wir unsern Tod durch seinen Tod, in festem Glauben überwinden, und also kecklich den lieben Vorgängern in jenes Leben folgen.

Gib Gnade, daß alle Prediger dein Wort und Christum in aller Welt nutzbarlich und seliglich predigen. Hilf, daß alle, die dein Wort predigen hören, Christum kennen lernen, und daran sich redlich bessern. Du wollest auch gnädiglich alle fremden Predigten und Lehren, da Christus nicht erlernet wird, aus der heiligen Kirche treiben. Erbarme dich aller Bischöfe, Priester, Geistlichen und aller Obrigkeit, daß sie, durch deine Gnade erleuchtet, uns recht lehren und führen mit Worten und gutem Exempel. Behüte alle Schwachgläubigen, daß sie sich nicht ärgern ob dem bösen Exempel der Obrigkeit.

Behüte uns vor ketzerischen und abtrünnigen Lehrern, daß wir in einem täglichen Brot, in täglicher Lehre und Wort Christi eines bleiben; lehre uns, durch deine Gnade Christi Leiden recht betrachten, herzlich fassen und seliglich in unser Leben bilden. Laß uns des heiligen, wahren Leichnams Christi an unserem letzten Ende nicht beraubet werden. Hilf, daß alle Priester das hochwürdige Sakrament würdiglich und seliglich, zu der ganzen Christenheit Besserung, handeln und brauchen. Hilf, daß wir und alle Christen das heilige Sakrament zu seiner Zeit mit Gnaden seliglich empfahen. Gib uns einen seligen Frieden und Einigkeit in allen Landen. Behüte uns vor Krieg und Hader und allem Unfrieden, auf daß wir des täglichen Brots und leiblicher Nahrung mit stiller Ruhe brauchen mögen zu deinem Lob. Gib allen Königen, Fürsten, Herren und Räten guten Verstand und treuen Willen, seliglich und friedlich ihre Untertanen zu regieren. Behüte alle Untertanen vor Aufruhr und allem Ungehorsam.

Lehre uns durch deinen Geist göttlich haushalten, Kinder und Gesinde christlich regieren zu deinem Dienste, Lob und Ehre. Behüte unsere Kinder und Gesinde vor Sünde und Schande, vor Gefahr und Schaden an Leib und Seele; behüte die Früchte auf dem Felde und alles Vieh vor Ungewitter, Gift, wilden Tieren und allem Schaden.

Du wollest alle Gefangene, Hungrige, Durstige, Nackende, Elende, Witwen, Waisen, kranke und betrübte Menschen gnädiglich trösten und erlassen, und Summa Summarum gib uns täglich Brot, daß Christus in uns und wir in ihm ewiglich bleiben, und den Namen, daß wir von ihm Christen heißen, würdiglich tragen. Amen.

178.
Die fünfte Bitte: *Und erlaß uns unsere Schuld, als wir erlassen unsern Schuldigern.*

O Vater, tröste uns unser Gewissen jetzt und an unserem letzten Ende, welches vor unsern Sünden und deinem Gericht greulich erschrickt und erschrecken wird. Gib unserem Herzen deinen Frieden, daß wir dein Gericht mit Freuden erwarten mögen. Gehe nicht mit uns in die Schärfe deines Gerichts, denn da wird kein Mensch rechtfertig erfunden. Lehre uns, lieber Vater, nicht auf unsere gute Werke oder Verdienst uns verlassen oder trösten, sondern allein auf deine grundlose Barmherzigkeit lauter und fest uns wagen und ergeben. Desselben gleichen laß uns auch nicht verzagen, um unsers sträflichen, sündigen

Lebens willen, sondern deine Barmherzigkeit höher, breiter, stärker achten in all unser Leben.

Hilf allen Menschen, die in Todesnöten und in der Anfechtung solcher Verzweiflung sind, und (sonderlich dem N. oder dem N.) vergib ihnen und uns allen unsere Schulden, tröste sie und nimm sie zu Gnaden.

Gib uns deine Güte für unsere Bosheit, wie du uns geboten hast zu tun. Stille den grausamen Afterreder, Ankläger und Großmacher unserer Sünde, den bösen Geist, jetzt und an unserem Ende und in allen Ängsten des Gewissens, dieweil wir auch des Afterredens und der Menschen Sünde groß zu machen uns enthalten. Richte uns nicht nach Anklagen des Teufels und unseres elenden Gewissens, und erhöre nicht die Stimmen unserer Feinde, die uns Tag und Nacht vor dir schuldigen; gleich als wir nicht hören wollen die Afterreder und Verkläger der andern.

Nimm von uns die schwere Last aller Sünde und Gewissen, auf daß wir mit leichtem, fröhlichem, herzlichem Gewissen in ganzer Zuversicht deiner Barmherzigkeit leben und sterben, alles leiden und tun mögen! Amen.

179.
Die sechste Bitte: *Und führe uns nicht in Versuchung.*

Drei Versuchungen oder Anfechtungen haben wir: das Fleisch, die Welt, den Teufel. Darum bitten wir, lieber Vater, gib uns Gnade, daß wir des Fleisches

Lust zwingen; hilf, daß wir seinem übrigen Essen und Trinken, Schlafen, Faulenzen, Müßiggang widerstreben; hilf, daß wir dasselbige mit Fasten, mäßigem Futter, Kleider, Lager, Wachen, Arbeiten dienstbar und zu guten Werken geschickt machen; hilf uns, daß wir seine böse Neigung zur Unkeuschheit, und alle seine Begierden und Reizen mögen mit Christo ans Kreuz schlagen und töten, daß wir keiner seiner Anfechtungen bewilligen und folgen. Hilf, so wir sehen einen schönen Menschen, Bild oder andere Kreaturen, daß das nicht eine Anfechtung, sondern nur eine Ursache sei, Keuschheit zu lieben und dich in deinen Kreaturen zu loben; hilf, so wir etwas Süßes hören, etwas Liebliches empfinden, daß nicht darin Lust, sondern dein Lob und Ehre gesuchet werde von uns.

Behüte uns vor dem großen Laster des Geizes und Begierden der Reichtümer dieser Welt; behüte uns, daß wir nicht die Ehre und Gewalt dieser Welt suchen, oder in dieselbige Neigung verwilligen; behüte uns, daß der Welt Untreue, falscher Schein und Reizung uns nicht bewege, dir zu folgen.

Behüte uns, daß wir nicht von dem Bösen und Widerwärtigkeiten der Welt zu Ungeduld, Rache oder Zorn oder andere Untugend gezogen werden; hilf, daß wir der Welt Lügen, Trügen, Verheißen, Untreue und all ihrem Gut und Bösen absagen (wie wir denn in der Taufe geredet haben) und darin fest bestehen und täglich mehr und mehr zunehmen.

Behüte uns vor des Teufels Eingeben, daß wir nicht in Hoffart und unser eigen Wohlgefallen und anderer Verachtung bewilligen, um Reichtum, Adel,

Gewalt, Gunst, Gestalt oder anderer deiner Güter willen. Behüte uns, daß wir nicht in Haß und Neid fallen aus irgend einer Ursache; behüte uns, daß wir nicht folgen der Anfechtung des Glaubens, der Verzweiflung, jetzt und an unserem letzten Ende.

Laß dir befohlen sein, himmlischer Vater, alle, die wider die große, mannigfaltige Anfechtung streiten und arbeiten; stärke, die da noch stehen; hilf wieder auf denen, die gefallen sind und liegen darnieder, und gib uns allen deine Gnade, daß wir in solchem elenden, unsicheren Leben mit so viel Feinden ohne Unterlaß umgeben, mit einem ritterlichen festen Glauben beständiglich fechten, und die ewige Krone erlangen. Amen.

180.
Die siebente Bitte: *Sondern erlöse uns vom Übel.*

Diese Bitte bittet für alles Böse der Pein und Strafe, wie denn die heilige Kirche tut in den Litaneien. Erlöse uns, o Vater, von deinem ewigen Zorn und der höllischen Pein; erlöse von deinem strengen Urteil im Tode und am jüngsten Tage; erlöse uns von dem schnellen gähenden Tode; behüte uns vor Wasser und Feuer, vor Blitz und Hagel; behüte uns vor Hunger und teuern Zeiten; behüte uns vor Krieg und Blutvergießen; behüte uns vor deinen größten Plagen, vor Pestilenz, Franzosen und anderen schweren Krankheiten; behüte uns vor allen Übeln und Nöten des Leibes, so doch, daß in diesem allen deines Namens Ehre, deines Reiches Mehrung und göttlicher Wille sei. Amen.

181.
Um rechte Liebe zum Worte Gottes.

Lieber Gott und Vater, schreibe durch deinen lieben Heiligen Geist in unsere Herzen dasjenige, was so reichlich in der Schrift gefunden wird, und laß uns stetig daran gedenken und viel tiefer zu Herzen gehen, denn unser eignes Leben und was uns mag lieb sein auf Erden. Amen.

182.
Um Stärkung und Erhaltung beim Worte Gottes für uns und unsere Nachkommen.

Lieber Gott, verleihe deine Gnade und hilf, daß wir die Briefe deines Worts und Verheißung wohl verwahren, daß sie uns der Teufel nicht zerreiße, daß wir in Wohlfahrt nicht sicher und in Trübsal nicht traurig noch verzagt sind, sondern immer in Gottesfurcht leben, fest und beständig im Glauben und Bekenntnis Jesu Christi bleiben und das heilige Vaterunser mit Mund und Herzen stets sprechen, daß du um deines lieben Sohnes willen uns und unsere Nachkommen bei der seligen Lehre des Evangelii wollest erhalten. Amen.

183.
Ein anderes Gebet um Stärkung und Erhaltung beim Worte Gottes.

Lieber Herr Gott, gib uns deine Gnade, daß wir die Hurtigkeit unserer Herzen ablegen mögen. Straf und schilt uns hart genug wie du willst, allein nimm uns nur dein heilig Wort nicht und laß nicht einreißen Schwärmer und Rottengeister, die uns den Schatz hinwegnehmen. Amen.

184.
Ein anderes Gebet um Stärkung und Erhaltung beim Worte Gottes.

Lieber Gott, gib vielmehr, daß die armen Seelen, die noch herzu kommen sollen, durchs Evangelium erleuchtet und wir samt ihnen gestärket werden in der Erkenntnis unsers Herrn Jesu Christi, welchem sei Ehre, Dank und Preis in Ewigkeit. Amen.

185.
Um Beständigkeit und Erhaltung bei dem seligmachenden Wort.

O Herr Gott, was sind wir, wenn du uns fallen läßt? was machen wir, wenn du die Hand abtust? was können wir, wenn du nimmer leuchtest? Ist das der freie Wille und sein Vermögen, daß alsobald aus dem Gelehrten ein Kind, aus dem Klugen ein Narr, aus dem Weisen ein Wahnsinniger wird? Wie schrecklich bist du in allen deinen Werken und Gerichten! Laß uns wandeln im Lichte, weil wir's haben, daß uns die Finsternis nicht auch ergreife. Lieber Gott, gib Gnade, daß wir dein teures Wort mit Danksagung annehmen, in Erkenntnis und Glauben deines Sohnes, unsers Herrn Jesu Christi zunehmen, und in Bekenntnis seines seligen Worts beständiglich bleiben bis ans Ende. Amen.

186.
Ein anderes Gebet um Beständigkeit und Erhaltung bei dem seligmachenden Wort.

O Vater aller Barmherzigkeit, der du, dein Werk bei uns angefangen hast, wollest uns weiter begaben mit allerlei Fülle der Weisheit und Erkenntnis, daß wir gewiß werden in unserm Herzen und so völlig erkennen, wie derselbe Geist, der unsern Herrn auferwecket hat, auch mit gleicher Kraft und Macht in uns wirke, an unserm Glauben, daß auch wir von den Toten auferstanden sind nach seiner allmächtigen Stärke, die in uns wirket durch dein heiliges Wort. Gib uns die Liebe, einander zu dienen und eines Sinns zu sein in Christo, unserm Herrn, daß wir uns nicht fürchten vor dem Widerwärtigen, vor dem Grimmen des Brandschwanzes, der noch ein wenig rauchet und nun an sein Ende kommen ist. Dem wollest du, lieber Vater, wehren, daß seine List nicht stattfinde an unserm reinen Glauben, sondern stärke uns, daß unser Kreuz und Leiden gerate zur seligen und festen Hoffnung der Zukunft unsers Heilandes Jesu Christi, deß wir täglich warten. Amen.

187.
Noch ein anderes Gebet um Beständigkeit und Erhaltung bei dem seligmachenden Wort.

Herr Gott Vater aller Gaben und Stärke, bestätige und stärke uns gnädiglich in deinem angefangenen Werke durch deinen Heiligen Geist, auf daß der Satan durch keine Gewalt noch List uns schwäche, noch müde mache, dein Wort und Reich zu verlassen. Denn es ist jetzt gefährliche Zeit, weil viel durch die Rottengeister verführet werden und viel auch abfallen, viel werden der Gnaden Gottes auch überdrüssig und kalt, daß sie vom Satan mit List betrogen, sich dünken lassen, sie seien satt, können nun alles und haben keine Not, werden also faul und undankbar, und bald hernach ärger denn vorhin. Darum laß du uns bleiben in der Brunst des Glaubens, daß wir drinnen täglich zunehmen, in Christo Jesu, unserm rechten und einigen Helfer. Amen.

188.
Um beständige Beharrung bis ans Ende.

Ach lieber Gott, stärke und erhalte uns in deiner Gnade bis auf deine Zukunft, denn es ist jetzt leider gefährlich worden durch die Rottengeister und falschen Lehrer, welche allenthalben umher schleichen und suchen, ob sie jemand betrügen möchten; so feiert der Satan selbst auch nicht mit bösen giftigen Gedanken, dadurch er unsern Glauben schwächen und stürzen will, und unsere Vernunft, die an ihr selbst blind ist und im Glauben allezeit widerstrebt, weil sie Gottes Wort und Reich nicht achtet, sondern vielmehr hasset. Darum laß unsere Sache allein und bloß in deiner Kraft und Stärke bestehen. Amen.

189.
Ein anderes Gebet um beständige Beharrung bis ans Ende.

Ach Vater unsers Herrn Jesu Christi, der du das Werk in uns angefangen hast, wollest es vollenden, damit wir bei deinem Wort und Evangelio, das wir gehört, angenommen und geglaubt haben, beständig bleiben mögen bis an unser Ende. Amen.

190.
Um Erhaltung in der einmal erkannten göttlichen Wahrheit.

Lieber Herr Gott, behalte und bekräftige uns in deiner heiligen Erkenntnis und vollbringe in uns deine Berufung und angefangen Werk bis ans Ende, durch deinen lieben Sohn, unsern Herrn Jesum Christum, mit dem hl. Geist gelobt in Ewigkeit. Amen.

191.
Ein anderes Gebet um Erhaltung in der einmal erkannten göttlichen Wahrheit.

Du bist mein Gott, ich aber bin mir selber nichts. Auf dich hoffe ich, und traue auf mich selber nicht, an dir werde ich nicht zu Schanden werden, denn an mir bin ich schon zu Schanden worden. Ich bitte dich auch, laß mich nicht zu Schanden werden, noch zu Spott und Freude meinen Feinden; denn was kann Feinden Lieberes und Angenehmeres sein, denn so der zu Schanden wird, den sie hassen? Laß mich deiner harren und in Spott und Unglück nicht abfallen, noch dir Zeit, oder Weise, oder Mittel zu helfen mit meinem närrischen Gebet vorschreiben.

192.
Ein anderes Gebet um Erhaltung in der einmal erkannten göttlichen Wahrheit.

Ach lieber Gott und Herr, stärke und behalte uns in deinem lieben reinen Wort durch Jesum Christum, unsern Herrn, und hilf, daß wir's dankbarlich erkennen und kräftiglich mit guten Früchten bezeugen und zieren; dir sei Lob und Dank in Ewigkeit. Amen.

193.
Um Beharrung in rechter Erkenntnis bis ans Ende.

Lieber himmlischer Vater, wir bitten dich von Herzen, du wollest uns in angefangener Erkenntnis, Gnaden und Licht gnädiglich erhalten, stärken und mehren, auch wider alle listigen Angriffe der teuflischen Bosheit in reinem, aufrichtigem, beständigem Sinn und Verstande beschützen und beschirmen, wie uns das hoch vonnöten ist. Amen.

194.
Um Erhaltung in der wahren Kirche.

Lieber Gott, laß uns alle bei deinem Wort und der Obrigkeit bleiben. Barmherzigkeit, Wohltat, das bleibe bei mir mein Leben lang, darum bitte ich. Stärke uns das, so du an uns gewirket hast, höre nicht auf und laß es nicht bleiben bei den vergangenen Wohltaten, sondern vermehre dieselben mit den zukünftigen, laß nicht ab, so lange ich hier auf Erden bin; sonderlich erhalte uns das Wort, wie du es uns gegeben, und laß uns wohnen im Hause des Herrn, da Gottes Wort gehöret wird.

195.
Um Beförderung der Kirche.

Lieber Gott, geheiliget werde dein Name, gib uns fromme, gottesfürchtige Lehrer in der Kirche, die deinen Namen der Welt offenbaren und kund tun, nämlich daß du gnädig und barmherzig seiest und uns um deines lieben Sohnes willen, der für uns gekreuziget und gestorben ist, unsere Sünde verzeihen und das ewige Leben geben willst, auf daß alle Menschen sich auf deine Gnade und Barmherzigkeit verlassen und dich anrufen, dich preisen und dir danken. Gib uns den Heiligen Geist, der uns regiere und erhalte, daß wir nicht wieder zurückfallen in das Reich des Satans, der sich untersteht das Wort, den Glauben und den rechten Gottesdienst ganz und gar zu vertilgen.

196.
Um glücklichen Fortgang des Reiches Christi.

Lieber Herr Gott, bringe und gib dem Reiche Christi, der heiligen Christenheit Glück und Heil, tue ab alle Menschenlehre und laß allein Christum unsern König sein, der allein durch sein Evangelium regiere und uns sein Füllen sein lasse. Das hilf uns. Amen.

197.
Um Erhaltung der Kirche Christi bis ans Ende.

Christe, unser Herr und Heiland, erhalte uns, dein kleines Häuflein, und sei mit uns bis auf den Tag deiner Herrlichkeit und unserer Seligkeit, und laß denselben Tag bald kommen Amen. Amen.

198.
Danksagung für die Kirche Gottes.

Gott sei gelobet und gebenedeiet, der du nach unergründlichem Reichtum deiner Barmherzigkeit uns zu diesen Zeiten wieder aufgerichtet dein heiliges Evangelium von deinem Sohne, unserm Herrn Jesu Christo, durch welchen wir zur rechten Erkenntnis des Vaters aller Barmherzigkeit kommen, die du durch ihn auf uns, die wir glauben, reichlich überschüttet hast, nach der greulichen Finsternis und Irrtum des Antichrists, darinnen wir alle ersoffen gewesen sind bisher, und dem Gott dieser Welt sauren und schweren Dienst geleistet haben, mit Sünden und allerlei ungöttlichem Wesen. Wir bitten dich, Vater aller Barmherzigkeit, der du solches bei uns angefangen hast, wollest uns weiter begaben mit allerlei Fülle der Weisheit und Erkenntnis, daß wir gewiß werden in unserem Herzen und völlig erkennen, wie derselbe Geist, der unsern Herrn auferwecket hat, auch mit gleicher Kraft und Macht in uns wirkt, an unserm Glauben, dadurch auch wir von den

Toten auferstanden sind, nach seiner allmächtigen Stärke, die in uns wirket durch sein heiliges Wort, und gebe uns die Liebe gegeneinander zu dienen, und eines Sinnes zu sein in Christo, unserm Herrn, daß wir uns nicht fürchten vor dem Widerwärtigen, vor dem Grimm des Brandschwanzes, der noch ein wenig rauchet, und nun an sein Ende kommen ist, dem wolle Gott der Vater wehren, daß seine List nicht stattfinde an unserm reinen Glauben, und uns stärken zu beiden Seiten, daß unser Kreuz und Leiden gerate zur seligen und festen Hoffnung der Zukunft unseres Heilandes Jesu Christi, dessen wir täglich erwarten. Amen.

199.
Eine andere Danksagung für die Kirche Gottes.

Gebenedeiet und gelobet seist du Gott, der Vater unsers Herrn Jesu Christi, der du zu diesen letzten Zeiten so viel Herzen erleuchtet und christlichen Verstand auch in den Laien erwecket, daß man in aller Welt anfängt den rechten Unterschied zu sehen, der gefärbten und gleißenden Kirchen oder Geistlichkeit von der recht grundguten Kirche, die uns bisher so lange mit heiligen Kleidern, Gebärden, Werken und dergleichen äußerlichen Scheinen und Menschengesetzen verborgen und versetzt gewesen, daß wir auch zuletzt mehr mit Geldgeben, denn mit Glauben selig zu werden gelehret sind. Es will und mag (als wir sehen und billig hoffen und bitten sollen) deine göttliche Güte solchen Greuel und Irrtum, in deiner Kirche wütend, nicht länger dulden. Amen. Amen. Du wollest solch dein Werk, angefangen, nach deiner Barmherzigkeit vollziehen und uns Gnade geben, daß wir solche deine Gnade erkennen, bedanken und um ein seliges Ausführen ernstlich bitten, daß die armen Seelen nicht mehr so kläglich durch solche Trügerei und Gaukelkirche verführt werden. Amen. Amen.

200.
Allgemeines Gebet für alles, was beides zum geistlichen und leiblichen Regiment nötig ist, aus der Vermahnung Luthers zusammengezogen.

Allmächtiger, ewiger Gott, wir bitten dich im Namen deines lieben Sohnes, unseres Herrn Jesu Christi: Erstens für das geistliche Regiment und liebe Predigtamt, daß du uns geben wollest fromme und treue Prediger, die den Schatz deines Wortes lauter und rein vortragen; wollest uns gnädiglich behüten vor Rotten und Ketzereien, nicht ansehen unsere große Undankbarkeit, damit wir wohl längst verdienet hätten, daß du dein heiliges Wort wieder von uns nähmest, du wollest uns ja nicht so greulich strafen, sondern lieber Pestilenz und andere Strafen über uns kommen lassen, denn uns deines lieben Wortes berauben. Wollest uns auch ein dankbar Herz geben, daß wir dein heiliges Wort lieben, teuer und wert halten, und dasselbe mit Furcht hören und uns daraus bessern, auf daß wir's nicht allein recht verstehen, sondern auch danach leben und mit dem Werk vollbringen, im Glauben und guten Werken täglich zunehmen, daß also dein Name geheiliget werde, dein Reich zu uns komme und dein Wille geschehe.

Danach laß dir befohlen sein das weltliche Regiment und alle Obrigkeit in der ganzen Christenheit, erleuchte ihre Herzen durch deinen Heiligen Geist und Wort, auf daß dein Wort und Ehre durch sie gefördert und nicht gehindert werde, und wir unter ihnen ein stilles und geruhigliches Leben führen mögen, in aller Gottseligkeit und Ehrbarkeit. Desgleichen wollest du unserem Kaiser Glück verleihen wider die Türken, und ansehen deine Gnade und Barmherzigkeit, und uns in des grausamen Tyrannen Hand nicht fallen lassen; wollest ihn, den Kaiser, auch vor dem Teufel und Papst behüten.

Sonderlich aber unserem Landesherrn, unter welches Schutz und Schirm du uns gesetzet hast, wollest du bei seinem Regiment sein und Glück und Heil dazu geben, damit das Gottes Wort, Zucht, Ehre und alle Ehrbarkeit gefördert, allem Ärgernis, das noch viel ist, gewehret, und der gemeine Nutz wohl und friedlich möge regieret werden, und wir auch mögen gehorsam und fromm sein.

Wollest dir auch alle Kranken, auch Weib und Kind mit allen Betrübten leiblich und geistlich lassen befohlen sein. Für diese und alle andere Not, auch für mich selbst bete: Vater unser, der du bist im Himmel usw.

201.
Advent.

Lieber Gott, behüte uns und gib uns deine Gnade, daß wir das Häuflein sind, die Christum gern wollen annehmen und singen: Hosianna, Gott sei gelobet, daß wir diesen König haben und Christen sind und heißen; wir wissen, warum wir also heißen, nämlich von unserm König Christo, daß wir in seinem Namen getauft und in seinem Blut gewaschen sind; hilf, daß wir dabei bleiben. Amen.

202.
Advent.

Ach du lieber Gott, himmlischer Vater, gib Glück und Heil dem Sohne Davids, deinem lieben Sohn Christo Jesu, zu seinem Königreich. Laß ihn auch bei uns einreiten in deinem Namen, daß es gebenedeiet sei und wohl gehe. Amen.

203.
Advent.

Lieber Herr Gott, wecke uns auf, daß wir bereit sind, wenn dein lieber Sohn kömmt, ihn mit Freuden zu empfahen, und dir mit reinem Herzen zu dienen, durch denselbigen deinen Sohn Jesum Christum, unsern Herrn. Amen.

204.
Weihnachten.

Hilf, lieber Herrgott, daß wir der neuen leiblichen Geburt deines lieben Sohnes teilhaftig werden und bleiben, und von unserer alten sündlichen Geburt erlediget werden, durch denselben deinen Sohn Jesum Christum, unsern Herrn. Amen.

205.
Epiphanias.

Lieber Gott, führe uns mit den Weisen durch den Stern deines heiligen Worts zu deinem Sohn Christo Jesu, und bewahre uns vor allem Anstoß in Ewigkeit, so kommen wir recht in unser Vaterland, da wir herkommen sind, das ist zu Gott, von dem wir geschaffen sind, und kommt das Ende mit dem Ursprung wieder zusammen wie ein güldener Ring; das helf uns Gott durch Christum, unsern König und Priester in Ewigkeit. Amen.

206.
Epiphanias.

Ewiger Gott, lieber Vater, der du uns durch deinen lieben Sohn, unsern Herrn und Heiland Jesum Christum, so reichlich erleuchtet hast, stärke uns auch durch deinen Heiligen Geist mit völligem Glauben und gib uns Kraft, daß wir solchem Licht treulich und fleißig folgen und dich samt allen

Heiligen preisen und loben, beide, mit Lehren und Leben. Dir sei Dank und Ehre für alle deine unaussprechliche Gnade und Gaben in Ewigkeit. Amen.

207.
Maria Reinigung.

Allmächtiger, ewiger Gott, wir bitten dich herzlich, gib uns, daß wir deinen lieben Sohn erkennen und preisen, wie der heilige Simeon ihn leiblich in die Arme genommen und geistlich gesehen und bekannt hat, durch denselben deinen Sohn Jesum Christum, unsern Herrn. Amen.

208.
Maria Reinigung.

Lieber Gott und Vater, verleihe uns um Jesu deines Sohnes Willen durch deinen Geist deine Gnade, daß wir dem lieben Simeon nachsingen und auch in Frieden fahren mögen. Amen.

209.
Maria Verkündigung.

Gütiger Gott, gnädiger Vater, wir danken dir für deine Gnade, daß du deinen lieben Sohn in dem jungfräulichen Leibe der Maria hast lassen einen wahren Menschen empfangen werden, daß er unsere unreine, unheilige Empfängnis und Geburt durch seine heilige Empfängnis und Geburt gereinigt, den

Fluch von uns genommen und den Segen über uns gebracht hat. Wir haben von Natur eine unflätige und sündliche Empfängnis und Geburt, und durch seine heilige Empfängnis und Geburt wird unsere unreine Natur, Fleisch und Blut gesegnet und geheiliget. Darauf sind wir in die Taufe gesteckt, auf daß wir durch das Mittel seines Worts, Sakraments und Geistes seiner heiligen Empfängnis und Geburt genießen mögen. Ach gib, daß wir für solche Gnade ewig dankbar seien, verleihe uns deine Gnade, daß wir bei diesem Artikel feste bleiben und durch Christum selig werden. Amen.

210.
Passionszeit.

Allmächtiger Vater, ewiger Gott, der du für uns hast deinen Sohn des Kreuzes Pein lassen leiden, auf daß du von uns des Feindes Gewalt treibest: verleihe uns also zu begehen und danken seinem Leiden, daß wir dadurch der Sünden Vergebung und vom ewigen Tode Erlösung erlangen, durch denselben deinen Sohn Jesum Christum, unsern Herrn. Amen.

211.
Grün-Donnerstag.

Ach du lieber Gott, der du uns bei diesem wunderbarlichen Sakrament deines Leidens zu gedenken und zu predigen befohlen hast, verleihe uns, daß wir solch deines Leibes und Blutes Sakrament also mögen brauchen, daß wir deine Erlösung in uns täglich fruchtbarlich empfinden. Amen.

212.
Karfreitag.

Barmherziger, ewiger Gott, der du deines einigen Sohnes nicht verschonet hast, sondern für uns alle dahingegeben, daß er unsere Sünde am Kreuz tragen sollte; verleihe, daß unser Herz in solchem Glauben nimmermehr erschrecke noch verzage, durch denselben deinen Sohn, Jesum Christum, unseren Herrn. Amen.

213.
Ostern.

Allmächtiger Gott, der du durch den Tod deines Sohnes die Sünde und den Tod zunichte gemacht, und durch sein Auferstehen Unschuld und ewiges Leben wieder gebracht hast, auf daß wir von der Gewalt des Teufels erlöset, in deinem Reiche leben: verleihe uns, daß wir solches alles von ganzem Herzen glauben, und in solchem Glauben beständig dich allezeit loben und dir danken durch denselben deinen Sohn, Jesum Christum, unsern Herrn. Amen.

214.
Ostern.

Lieber Gott, verleihe uns durch Jesum Christum deinen hl. Geist, daß wir solcher deiner Auferstehung uns recht trösten, und in solchem Glauben und Zuversicht und Hoffnung von Tage zu Tage zunehmen, und endlich dadurch selig werden. Amen.

215.
Himmelfahrt.

Allmächtiger Gott, verleihe uns, daß wir glauben, daß dein einiger Sohn, unser Heiland, sei heute gen Himmel gefahren, daß auch wir mit ihm geistlich im geistlichen Wesen wandeln und wohnen, durch denselben deinen lieben Sohn, Jesum Christum, unsern Herrn. Amen.

216.
Himmelfahrt.

Lieber Herr Gott, unser gnädiger Vater im Himmel, wir sehen, wie ein tröstlich und freudenreich Fest wir an der Himmelfahrt unseres lieben Herrn Christi haben; derhalben loben, danken und preisen wir dich und bitten, du wollest uns in solcher Gnade erhalten, und endlich, um Jesu Christi, deines Sohnes willen, ein selig Stündlein bescheren, daß wir ihm selig nachfahren und das ewige Leben und Seligkeit samt ihm besitzen; das verleihe uns, lieber Herr. Amen.

217.
Pfingsten.

Herr Gott, lieber Vater, der du an diesem Tage deiner Gläubigen Herzen durch deinen Heiligen Geist erleuchtet und gelehret hast: gib uns, daß wir auch durch denselben Geist rechten Verstand haben, und zu aller Zeit seines Trostes und Kraft uns freuen, durch denselben deinen Sohn, Jesum Christum, unsern Herrn. Amen.

218.
Pfingsten.

Heiliger Gott, himmlischer Vater, wir freuen uns über unsere Pfingsten von Herzen, weil dieselben weit herrlicher sind, denn der Juden Pfingsten; sintemal der Heilige Geist durch Christum über alles Fleisch ist ausgegossen worden, daß wir durch das Evangelium Gott erkennen, und durch den Heiligen Geist heilig und fromm werden an Seele und Leib, so wir uns anders recht christlich mit Beten, Predigthören und einem unärgerlichen Wandel dazu schikken wollen. Darum, gnädiger Vater, verleihe uns solche deine Gnade, daß wir Christum lieben und an seinem Worte bleiben, dasselbe durch seinen hl. Geist behalten, und also mögen selig werden; dazu helfe uns durch Christum der Heilige Geist. Amen.

219.
Am Fest der heiligen Dreieinigkeit.

Allmächtiger, ewiger Gott, der du uns gelehret hast, im rechten Glauben zu wissen und bekennen, daß du in drei Personen, gleicher Macht und Ehren, ein einiger ewiger Gott, und dafür anzubeten bist: wir bitten dich, du wollest uns bei solchem Glauben allezeit fest erhalten wider alles, was dagegen uns mag anfechten, der du lebest und regierest von Ewigkeit zu Ewigkeit. Amen.

220.
Am Fest der heiligen Dreieinigkeit.

Wir glauben an Gott Vater, Gott Sohn und Gott den Heiligen Geist. Gott helfe uns allen, daß wir in solcher Lehre und Glauben bis an unser Ende beständig und rein erfunden werden. Amen.

221.
Johannes der Täufer.

Wir danken dir, lieber Herr Gott, und loben dich, daß du uns den lieben Johannem gegeben, und durch ihn das fröhliche Wort, und den seligen Finger hast kommen lassen, welcher auf Christum, das Lamm Gottes, gewiesen, daß wir wissen, wo wir Seligkeit und ewiges Leben finden sollen, daß wir wider die Sünde und Tod Trost und Erlösung haben, und

Gottes Güte und Gnade uns in Ewigkeit trösten mögen, das verleihe Gott uns allen. Amen.

222.
Maria Heimsuchung.

Herr, es sind deine Gaben, die du an uns beweisest, und ich danke dir darum; mit meiner Weisheit oder Vermögen oder Heiligkeit habe ich es nicht verdient, noch zu Wege gebracht. Wir sehen, daß die liebe Jungfrau mit ihrem Exempel und Predigt uns vorgeht, daß wir nicht hoffärtig sein, sondern uns demütigen und in aller Zucht halten sollen, und verheißet wo wir solches tun, wolle Gott mit seinen Gnaden auch bei uns sein und viel geben. Verleihe uns um Christi willen deinen Heiligen Geist, daß wir auch lernen gottesfürchtig, demütig und züchtig sein, und endlich der Barmherzigkeit uns trösten, die dem Abraham zugesagt, uns aber durch Christum, den Sohn Gottes, reichlich ist bereitet worden. Amen.

223.
Michaelis oder Engelfest.

Lieber Herr und gütiger Gott, wir danken, daß du uns die lieben heiligen Engel gegeben hast, die uns als ein Wall vertreten und schützen wider den Teufel. Denn so uns die lieben Engel nicht stets bewachten und bewahrten, so würden wir wohl in einer Stunde zehnmal erwürgt. Drum weil sie uns also behüten und bewahren, daß uns der Teufel nicht Schaden tun könne, laß deine Engel ferner mit uns sein, daß sie uns regieren, führen und schützen wider den Teufel. Behüte uns auch vor allem Ärgernis, durch deinen Heiligen Geist um Jesu Christi willen erhalte uns im rechten Glauben bei deinem Wort ohne alle Ärgernis gnädiglich, und mach uns ewig selig. Amen.

224.
Michaelis oder Engelfest.

Lieber himmlischer Vater, ich danke dir und lobe dich darum, daß ich armer Mensch, wenn meiner gleich hunderttausend wären, nicht könnte einem Teufel widerstehen, und doch widerstehe ich ihnen allen durch deiner heiligen Engel Hilfe. Also auch ich, der ich nicht ein Tröpflein Weisheit habe, und der listige böse Feind ein ganzes Meer voll hat, dennoch soll er mir nicht wissen noch schaden können. Meine Torheit und Schwachheit machet seine große Weisheit und Kraft dennoch zu Schanden; dafür, mein barmherziger Gott und Vater unsers Herrn Jesu Christi, habe ich dir allein zu danken, denn das ist dein Ruhm, daß du deine Ehre, Weisheit und Macht in Schanden, Narrheit und Schwachheit beweisest. Du allein sollst die Ehre haben, daß du ein weiser, mächtiger und gnädiger Gott bist. Das geschieht denn, wenn du uns durch deine lieben Engel hilfst, daß wir den Teufel schlagen. Das hilf uns, lieber Herr Gott. Amen.

225.
Michaelis oder Engelfest.

Lieber Gott, ich danke dir, daß du uns also mit deinen lieben Engeln versorget und beschützet hast, und solche himmlische Fürsten über uns gesetzet. Du weißt, was der böse Feind im Sinne hat, wie er um uns hergehet wie ein brüllender Löwe und versuchet, daß er uns verschlinge; darum sende deine heiligen Engel und wehre ihm. Amen.

226.
Gebet in Anfechtung und Trübsal.

Wir sind umgeben hinten und vornen mit Anfechtungen und mögen uns derselben nicht entschlagen, aber, o Vater unser, hilf uns, daß wir nicht hinein fahren, das ist, daß wir nicht drein willigen und also überwunden, unterdrückt werden. Herr Christe, der du alle Anfechtungen uns zu gut überwunden hast, gib uns auch Stärke, daß wir's durch dich überwinden und selig werden mögen. Amen.

227.
Wider den Satan und seine Pfeile.

Lieber Herr Jesu Christe, du einiger Heiland und rechter Siegesmann, behalte deinen Sieg und Triumph in unsern Herzen wider den Teufel, und erfreue uns durch deine Hilfe und Wunder in uns, daß wir tröstlich hoffen und bitten, wie du uns geboten und verheißen hast. Amen.

228.
Ein anderes Gebet wider den Satan und seine Pfeile.

Lieber Vater, laß uns hier nicht lange leben, auf daß vollkommen werde in uns dein Reich, und wir erlöset werden gänzlich von des Teufels Reich, oder, so dir's gefällt, noch länger uns in diesem Elend zu lassen, so gib uns deine Gnade, daß wir dein Reich in uns mögen anheben und ohne Unterlaß mehren, den Teufel und sein Reich aber mindern und zerstören. Amen.

229.
Ein anderes Gebet wider den Satan und seine Pfeile.

Lieber Gott, wir sind mit Sünden wohl geplagt und mit dem Tod umfangen, wir sind der Teufel schändliche leibeigene Leute gewesen; gib uns nun wieder dein Werk, welches ist gerecht und lebendig machend, und helfe wider des Teufels Werk, damit er uns aus dem Leben in Tod gestürzet hat, welches Werk du, lieber Sohn Gottes, Jesu Christe, zu zerstören auf Erden kommen bist, und hast den Tod verstöret und das Leben wieder ans Licht gebracht. Ach Gott, ziehe dem Satan schnell die Haut ab, und bringe ihn an Tag, damit man sehe, was wir bisher geschrieben. Amen.

230.
Noch ein anderes Gebet wider den Satan und seine Pfeile.

Lieber Herr und treuer Heiland Jesu Christe, dich hat der Vater aller Gnaden uns so reichlich offenbaret und geschenket, du wollest uns deinen Heiligen Geist, den rechten und ewigen Tröster, senden, der uns stets erhalte, stärke und bewahre, wider alle giftigen feurigen Pfeile des sauren, schweren, argen Geistes. Amen. Lieber Gott, Amen.

231.
Wider die Welt.

Ach lieber Herr Christe, zukomme dein Reich, zerstöret und zu Grunde vertilget müsse werden Welt und alles, was dawider ist, und nicht will aufhören zu toben und zu trotzen wider dich und dein Blut und Tod. Räche doch einmal deinen Namen, Blut und Gut an der verzweifelten bösen Welt. Amen.

232.
Ein anderes Gebet wider die Welt.

Ach Herr Gott vom Himmel, wo sind die Wasserströme, ja Blutströme, die billig unsere Augen weinen sollten in dieser letzten greulichen und erschrecklichen Zeit des unaussprechlichen, unermeßlichen Zorns Gottes über die Welt, um ihrer Sünde und Undankbarkeit willen! O lieber Herr, wehre und verhüte du, damit der Gottlosen Vornehmen nicht vor sich gehen, noch geraten möge. Amen.

233.
Um Überwindung in aller Not.

Ach Vater und Gott alles Trostes, verleihe uns durch dein heiliges Wort und Geist festen, fröhlichen und dankbaren Glauben, damit wir diese und alle Not mögen selig überwinden, und endlich schmecken und erfahren, daß es die Wahrheit sei, da dein lieber Sohn Christus selbst spricht: Seid getrost, ich habe die Welt überwunden. Amen.

234.
Um Überwindung durch den Glauben.

Herr Gott, himmlischer Vater, du weißt, daß wir in so mancher und großer Gefahr vor menschlicher Schwachheit nicht mögen bleiben; verleihe uns beide, an Leib und Seele, Kraft, daß wir alles, so uns um unserer Sünde willen quält, durch deine Hilfe überwinden, um Jesus Christus, deines Sohnes, unsers Herrn willen. Amen.

235.
Danksagung nach dessen Überwindung.

Lieber Herr Gott, wie bin ich in so großer Angst und Beschwerung gewesen, dazu in großer Bestürzung; aber Gott sei Lob und Dank, ich bin nun herauskommen und bin genesen, meine Seele ist erlöset und errettet aus aller dieser Angst. Nun danke ich dem Herrn, meinem Gott. Amen.

236.
Ein Exempel, wie in geistlichen Anfechtungen der Glaube kämpft, betet und überwindet, wie Luther selbst geübt und in geist- und leiblichen Anfechtungen Anno 1527 also gebetet.

Mein allerliebster Gott, wenn du es so willst haben, daß dies die Stunde sei, die du mir versehen hast, so geschehe dein gnädiger Wille.

Darauf hat er seine Augen empor gehoben und mit großer Brunst seines Herzens das Vater unser und den sechsten Psalm gar ausgebetet und danach gesagt:

Herr, mein allerliebster Gott, ach wie gerne hätte ich mein Blut vergossen, um deines Worts willen, das weißest du. Aber ich bin's vielleicht nicht wert. Dein Wille geschehe; willst du es so haben, so will ich gerne sterben, allein daß dein heiliger Name gelobet und gepreiset werde, es sei durch mein Leben oder Tod; wenn's aber, lieber Gott möglich wäre, möchte ich noch gerne länger leben um deiner Gottseligen und Auserwählten willen. Ist aber das Stündlein kommen, so mache es, wie es dir gefällt; du bist mein Herr über Leben und Tod. Mein allerliebster Gott, du hast mich ja in die Sache geführet, du weißt es, daß es dein Wort und die Wahrheit ist. Hebe nicht empor, noch erfreue deine Feinde, auf daß sie nicht rühmen: Wo ist nun ihr Gott? sondern verkläre deinen heiligen Namen, zuwider und Verdruß den Feinden deines seligen heilsamen Worts.

Mein allerliebster Herr Jesu Christe, du hast mir gnädiglich verliehen die Erkenntnis deines heiligen Namens, du weißt, daß ich an dich samt Vater und Heiligem Geist, einigen und wahren Gott glaube, und mich tröste, daß du unser Mittler und Heiland bist, der du dein teures Blut für uns Sünder vergossen hast: stehe mir in dieser Stunde bei und tröste mich mit deinem Heiligen Geist. Du weißt, Herr, daß ihrer viel, denen du es gegeben hast, um das Bekenntnis willen deines Evangelii ihr Blut vergossen haben; ich hoffte, es würde mir auch dazu kommen, daß ich auch mein Blut um deines heiligen Namens willen hätte sollen vergießen; aber ich bin's nicht wert. Dein Wille geschehe. Du weißt, Herr, daß mir der Satan auf mancherlei Weise nachgestellet hat, daß er mich leiblich umbrächte durch Tyrannen, Könige, Fürsten, und geistlich durch seine feurigen

Pfeile und schrecklichen teuflischen Anfechtungen; aber du hast mich bisher wider all ihr Wüten und Toben wunderbarlicher Weise erhalten. Erhalte mich ferner, du treuer Herr, ist es dein Wille.

Mein allerliebster Gott, du bist ja ein Gott der Sünder und Elenden, die ihre Angst, Not und Jammer fühlen, und deiner Gnade, Trost und Hilfe herzlich begehren, wie du sprichst: Kommet her zu mir alle, die ihr mühselig und beladen seid, ich will euch erquicken. Herr, ich komme auf deine Zusage, ich bin in großer Angst und Not; hilf mir um deiner Gnade und Treue willen. Amen.

O mein lieber Herr Jesu Christe, der du gesprochen hast: Bittet, so wird euch gegeben; suchet, so werdet ihr finden; klopfet an, so wird euch aufgetan. Laut dieser deiner Verheißung gib mir, Herr, der ich bitte, nicht Gold oder Silber, sondern einen festen, starken Glauben. Laß mich finden, der ich suche, nicht Lust oder Freude der Welt, sondern Trost und Erquickung durch dein selig heilsam Wort. Tue mir auf, der ich anklopfe. Nichts begehre ich, das die Welt groß und hoch achtet, denn ich bin nun vor dir nicht ein Haar breit gebessert, sondern deinen Heiligen Geist gib mir, der mein Herz erleuchte, mich in meiner Angst und Not stärke und tröste, in rechtem Glauben und Vertrauen auf deine Gnade erhalte bis an mein Ende.

O mein allerliebster Herr und Vater, du hast mir viel edler teurer Gaben gegeben vor wie viel andern tausend; wäre es dein Wille, ich wollte ihrer gerne noch zu Lob und Preis deines heiligen Namens, zu Nutz und Trost deiner kleinen Herde brauchen; aber dein göttlicher väterlicher Wille geschehe allein, daß dein Name durch mich, ich lebe oder sterbe, geehret werde. Amen.

237.
Ernstliches Gebet Dr. Martin Luthers zu Worms auf dem Reichstage anno 1521.

Allmächtiger, ewiger Gott, wie ist es nur ein Ding um die Welt? Wie sperret sie den Leuten die Mäuler auf? Wie klein und gering ist das Vertrauen der Menschen auf Gott? Wie ist das Fleisch so zart und schwach, und der Teufel so gewaltig und geschäftig durch seine Apostel und Weltweisen? Wie ziehet sie sobald die Hand ab, und schnurret dahin, läuft die gemeine Bahn, und den weiten Weg zur Höllen zu, da die Gottlosen hingehören, und siehet nur allein alles an, was prächtig und gewaltig, groß und mächtig ist, und ein Ansehen hat? Wenn ich nun meine Augen dahin wenden soll, so ist's mit mir aus; die Glocke ist schon gegossen und das Urteil gefället. Ach Gott, ach Gott, o du mein Gott, du mein Gott, stehe du mir bei wider aller Welt Vernunft und Weisheit, tue du es, du mußt es tun, du allein; ist es doch nicht meine, sondern deine Sache; hab ich doch für meine Person allhier nichts zu schaffen und mit diesen großen Herren der Welt zu tun, wollte ich doch wohl auch gute geruhige Tage haben und unterworfen sein. Aber dein ist die Sache, Herr, die gerecht und ewig ist. Stehe mir bei, du treuer ewiger Gott, ich verlasse mich auf keinen Menschen; es ist umsonst und vergebens, es hinket alles, was Fleisch ist und nach Fleisch schmecket. O Gott, o Gott, hörest du nicht, mein Gott? bist du tot? Nein, du kannst nicht sterben, du verbirgest dich allein. Hast du mich erwählet? Ich frage dich, wie ich es denn gewiß weiß, ei so walt es Gott, denn ich mein Leben lang nie gedacht, wider solche große Herren zu sein, habe mir es auch nie vorgenommen; ei Gott, so stehe mir bei, in dem Namen deines lieben Sohnes Jesu Christi, der mein Schutz und Schirm sein soll, ja meine feste Burg, durch Kraft und Stärkung deines Heiligen Geistes. Herr, wo bleibest du? Du, mein Gott, wo bist du? Komm, komm, ich bin bereit, auch mein Leben drum zu lassen, geduldig wie ein Lämmlein, denn gerecht ist die Sache und dein, so will ich mich von dir nicht absondern ewiglich, das sei geschlossen in deinem Namen, die Welt muß mich über mein Gewissen wohl ungezwungen lassen, und wenn sie noch voller Teufel wäre, und sollte mein Leib, der doch zuvor deiner Hände Werk und Geschöpf ist, darüber zu Grund und Boden, ja zu Trümmern gehen, dafür aber dein Wort und Geist mir gut ist; und ist auch nur um den Leib zu tun, die Seele ist dein und gehöret dir zu, und bleibet auch bei dir ewig. Amen. Gott, hilf mir, Amen.

238.
Gebet Dr. M. Luthers, unter dem Reichstage zu Augsburg anno Domini 1530.
Aus dem Gezeugnis Veit Dietrichs.

Ich weiß, daß du unser lieber Gott und Vater bist, derohalben bin ich gewiß, daß du wirst die Verfolger deiner Kinder vertilgen; tust du es aber nicht, so ist die Fahr dein sowohl als unser; die ganze Sache ist dein, was wir getan, das haben wir müssen tun; darum magst du, lieber Vater, sie beschützen. Amen.

239.
Gebet eines Unterdrückten um der Wahrheit willen.

Ich leide viel, und gehet mir übel; aber meinen Feinden gehet es wohl. Sie leben, ich sterbe ohne Unterlaß. Sie sind mächtig und stark, ich werde ohne Unterlaß niedergedrückt. Sie sind in Ehren, ich in Schmach. Sie im Frieden, ich im Unfrieden. Sie mehren sich und haben ihrer viel, die ihnen günstig sind, die sie loben, die es mit ihnen halten; ich bin allein, verlassen, und niemand hälts mit mir, auch ist mir niemand günstig, ich bin ein Einsamer, von allen verlassen und verachtet. Darum, lieber Herr Gott, nimm mich auf, und verlaß mich nicht, eile mir zu helfen, denn alle andere helfen mir zum Verderben. Ich suche kein Heil noch Seligkeit, weder in mir selbst, noch in jemand anders, denn bei dir allein. Amen.

240.
Ein anderes Gebet eines Unterdrückten um der Wahrheit willen.

Weil meine Hoffnung in dir ist, so erhöre mich, mein Gott, und laß es nicht dazu kommen, daß meine Feinde in mir Freude und Ruhm erleben. Laß genug sein, daß sie mich hassen und verfolgen um der Wahrheit willen, daß sie nicht auch Recht dazu behalten, die es doch nicht haben, denn sie in sich und nicht in dich hoffen. Amen.

241.
Noch ein anderes Gebet eines Unterdrückten um der Wahrheit willen.

Lieber Herr Gott, ich will dir zu Lob und Ehren dies leiden, denn ich nicht allein dieses Leidens, sondern auch des Todes schuldig bin vor dir. Mein Haut und Haar und der ganze Körper ist's schuldig, darum will ich's in deinem Gehorsam und Willen aufnehmen und dulden, es sei Trübsal, oder Angst, oder Verfolgung, oder Hunger, oder Blöße, oder Fährlichkeit, oder Schwert, und will's in solchem Glauben leiden, daß du dadurch gelobet und gepreiset werdest. Amen.

242.
Um Beständigkeit im Glauben.

Lieber himmlischer Vater, ich bitte dich von Herzensgrund, daß du mich nach deiner grundlosen Güte wollest stärken und mit deinem Geist erleuchten und bewahren, damit ich erkenne mit Freuden und Danksagung die selige Lehre von deinem Sohne, unserm Herrn Jesu Christo, zu welcher ich durch deine Gnade berufen und kommen bin aus der greulichen Finsternis und Irrtum. Solche Erkenntnis mir gegeben und dein Werk in mir angefangen, wollest auch zu Ende bis in jenes Leben und auf die fröhliche Zukunft unsers Herrn Jesu Christi bewahren und vollbringen. Amen.

243.
Ein anderes Gebet um Beständigkeit im Glauben.

Lieber Herr Gott, behalte und bekräftige uns in deiner heiligen Erkenntnis und Glauben, und vollbringe in uns deine Berufung und angefangen Werk bis ans Ende, durch deinen lieben Sohn, unsern Herrn Jesum Christum, mit deinem Heiligen Geiste, gelobet in Ewigkeit. Amen.

244.
Wider die Lästerer.

Siehe doch an, Herr, daß die Widersacher dich lästern und schelten; so schilt sie wieder, beschuldige sie, klage sie an, mache, daß sie es fühlen, führe sie zur Schulen, gib ihnen ein böses Gewissen, daß sie wissen, daß sie unrecht haben, und also ablassen von ihren Gedanken. Es sind ja Ratschläge der Gottlosen, wie im ersten Psalm stehet. So verschaffe du, daß ihre Lehre nicht also hinausgehe, wie sie es vornehmen. Amen.

245.
Gebet für eine vom Satan besessene Person.

Herr Gott, himmlischer Vater, der du uns durch deinen lieben Sohn befohlen hast zu beten und das Predigtamt in der heiligen christlichen Kirche geordnet und eingesetzt hast, daß wir die Brüder, so etwa durch einen Fehl übereilet werden, mit sanftmütigem Geist unterweisen, und wieder zurecht bringen sollen; und Christus, dein lieber Sohn, sagt selber, er sei nicht kommen denn nur allein um der Sünde willen. Darum bitten wir dich für diesen deinen Diener, du wollest ihm seine Sünde vergeben, und ihn in den Artikel der Vergebung der Sünden wieder einschließen und in den Schoß der heiligen Kirche wieder annehmen, um deines lieben Sohnes willen, unsers Herrn Christi. Amen.

246.
Gebet für eine kranke angefochtene Frau, die Dr. Luther besucht und also für sie gebetet:

Herr Gott, himmlischer Vater, der du uns und die Kranken hast heißen beten: wir bitten dich durch Jesum Christum, deinen lieben Sohn, daß du diese deine Dienerin von ihrer Krankheit und von des Teufels Banden erlösen wollest. Schone doch, lieber Herr, ihrer Seele, die du samt ihrem Leib durch deines lieben Sohnes Jesu Christi Blutvergießen, erworben und errettet hast von der Sünden, des Todes und des Teufels Gewalt. Amen.

247.
Gebet für die, so um des Evangeliums willen in Armut geraten.

Ach lieber Herr, laß dich doch jammern des armen großen Volks, beide, Mann, Weib und Kind, die dir so weit nachgezogen sind, dich zu hören. Denke doch, daß sie nun lange Zeit bei dir geblieben und beharren, und haben nichts zu essen, und wenn du sie ungegessen von dir ließest, unterwegen, ehe sie heim kämen, verschmachten müßten, sonderlich was da sind schwache Leute, Weiber und Kinder. Denke doch, daß etliche sind von ferne kommen; gib, was ihnen nütz ist zu Leib und Seele. Amen.

248.
Um Erlösung und Errettung.

Lieber Vater, das Übel und Pein drücket mich, und leide viel Unglück und Beschwerde, und fürchte mich vor der Hölle. Erlöse mich davon, doch nicht anders, denn so es dir ehrlich und löblich, und dein göttlicher Wille ist. Wo das nicht, so geschehe nicht mein, sondern dein Wille, denn mir deine göttliche Ehre und Wille lieber ist, denn alle meine Ruhe und Gemach, zeitlich und ewiglich. Amen.

249.
Für Ungläubige und Verführte.

O lieber Herr Jesu Christe, hilf uns durch deinen Geist, dich und dein Wort auch zu bekennen mit beständigem Glauben vor dieser blinden und unartigen Welt, und vergib den elenden Tyrannen samt ihrem Haufen solche ihre Sünde, und erleuchte alle irrigen und verführten Herzen mit dem Lichte deiner Gnaden und sei mit uns Armen, daß du uns behütest und bewahrest, rein und unsträflich auf deine Zukunft. Dir sei Lob und Ehre mit dem Vater und dem Heiligen Geist in Ewigkeit. Amen.

250.
Ernstes Gebet um Bewahrung vor Verstockung und Abfall.

O schrecklicher und ernster Richter, wie heimlich oder ja greulich sind deine Gerichte, wie gewiß und sicher ist Pharao allezeit, ehe er im roten Meer ersäuft, und siehet nicht, daß eben seine Sicherheit der rechte ernste Zorn Gottes über ihn ist. O wie unleidlich bist du, Gott, des Schimpfs an deinem teuren Wort, daß du dich auch deines liebsten Kindes Blut hast lassen kosten; und die Menschen sitzen, und schwatzen und lächeln, wenn sie es verdammen und verfolgen. Recht ist dein Gericht, himmlischer Vater, du bist mein Zeuge, daß ich in meinem Herzen Angst und Sorge habe, wo der jüngste Tag nicht das Spiel unternimmt, werdest du dein Wort aufheben, und deutscher Nation solche Blindheit senden und sie also verstocken, daß nur greulich ist daran zu gedenken. Herr, himmlischer Vater, laß uns in alle Sünden fallen, so wir ja sündigen müssen; behüte uns aber vor Verstockung und behalte uns an dem und in dem, den du einen Herrn über Sünde und Unschuld gesetzt hast, daß wir denselben auch nicht verleugnen, noch aus den Augen lassen, so wird uns freilich alle Sünde, aller Tod, alle Hölle nichts tun. Ach was sollte uns etwas tun? Amen.

251.
Ein anderes Gebet um Bewahrung vor Verstockung und Abfall.

O Herr Gott, so wir ja sündigen sollen, so laß uns andere Sünden tun denn solche, da man hinfähret und scheucht den Segen als einen Fluch, und ein verstockt, verblendet und verhärtet Herz bekömmt, das weder siehet noch höret, und ihm schlechts nichts sagen läßt, und meinet, es gehet im Segen und nicht im Fluch. Lieber Gott, laß uns in die Sünde nicht fallen, so die offenbare Wahrheit nicht leiden will; denn da ist weder Rat, noch Hilfe, noch Entschuldigung, und der Zorn endlich angegangen. Davor behüte uns, lieber treuer Gott. Amen.

252.
Gebet für die christliche Kirche und wider ihre Feinde.

Allmächtiger, ewiger, barmherziger Gott, und Vater unsers lieben Herrn und Heilandes Jesu Christi, wir sehen und fühlen es, wie es deiner Kirche in diesem Leben gehet, was sie für Glück hat, und wie sie so mancherlei Weise vom Teufel und von der Welt geplaget wird. Darum bitten wir dich, um desselben deines eingeborenen Sohnes willen, erstlich: du wollest unsere Herzen mit deinem hl. Geiste trösten und stärken, auf daß wir von so viel großer Gefahr nicht überwältigt werden, noch unterliegen. Zum andern: du wollest auch der Feinde Vornehmen und Anschläge nicht allein hindern, sondern mit deiner treuen und wunderbarlichen Hilfe der ganzen Welt anzeigen, erklären und beweisen, daß du für deine Kirche sorgest, sie regierest, schützest, erhaltest und errettest, der du lebest und regierest, ein ewiger Gott, Gott Vater, Gott Sohn, Gott Heiliger Geist, von Ewigkeit zu Ewigkeit. Amen.

253.
Um Schutz der Kirche.

Herr Jesu Christe, der du beider Teil Herzen erkennest, rette deine Ehre und deine Wahrheit, daß die Ungläubigen bekennen müssen, diese Lehre in unsern Kirchen sei deine Wahrheit, und daß du unsere Kirche wahrhaftig erhörest. Amen.

254.
Ein anderes Gebet um Schutz der Kirche.

Ach Herr, es ist ja kein anderer Gott, denn du, der rechte, alte und ewige Gott, weißt du auch oder gedenkest du nicht, daß du uns verheißen hast, unser Gott zu sein, und hast uns bisher noch nie lassen verderben? So wirst du uns ja auch jetzt nicht lassen verderben. Denn du bist unser Gott, in dem wir leben und nicht sterben, wie du uns geredet hast. Amen.

255.
Noch ein anderes Gebet um Schutz der Kirche.

Lieber Gott, hilf uns in dieser fährlichen Zeit, da wir mitten unter den Wölfen sind, daß sie uns nicht zerreißen und verschlingen, und daß wir in deinem und deines Sohnes, unsers Herrn Jesu Christi, Erkenntnis bleiben mögen ewiglich. Amen.

256.
Der betrübten Kirche Gebet.

Herr, allmächtiger Gott, der du der Elenden Seufzen nicht verschmähest und der betrübten Herzen Verlangen nicht verachtest, siehe doch an unser Gebet, welches wir in unsern großen Nöten vor dich bringen, und erhöre uns gnädiglich, daß alles, so beide vom Teufel und Menschen wider uns strebt, zunichte und nach dem Rat deiner milden Güte zertrennet werde, auf daß wir von aller Anfechtung unversehret, dir in deiner Gemeine danken und dich allezeit loben, durch Jesum Christum, deinen Sohn, unsern Herrn. Amen.

257.
Wider den Antichrist und Papst zu Rom mit seinem Anhang.

Lieber Gott und Vater unsers Herrn Jesu Christi, wir bitten dich, du wollest uns einmal wieder heimsuchen nach allen deinen Wunderwerken, und uns zeigen den Tag der Zukunft der Herrlichkeit deines Sohnes, damit der Schalk, der Antichrist verstöret und zerbrochen werde, der da ist der Mensch der Sünden, und der Sohn des Verderbens, und mach es einmal ein Ende mit den gewaltigen Irrtümern des Teufels, durch welche leider alle Augenblick viel tausend Seelen verderbet werden und in die Hölle gerissen, von deswegen allein, daß man die Tyrannei des greulichen und apostatischen, das ist abtrünnigen Stuhls zu Rom in seinem Wesen erhalten möge, da sage alle Welt dazu Amen, Amen.

258.
Ein anderes Gebet wider den Antichrist und Papst zu Rom mit seinem Anhang.

Lieber Gott, mache der Lästerung des Papsttums einmal ein Ende, und heilige deinen Namen wieder, daß dein Reich auch einmal komme und dein Wille geschehe. Amen. Und falle das lästerliche Papsttum und was daran hanget in Abgrund der Höllen, wie Johannes verkündigt in Apokalypsi. Amen; sage, wer ein Christ sein will, Amen.

259.
Wider das Papsttum.

O Gott, strafe alle die, so da sich drängen, Papst, Bischöfe, Kardinäle, Pfaffen, Mönche, geistlich zu werden, und harren nicht, daß sie dazu gezwungen und berufen werden, denn sie suchen gewißlich nur Ehre und Fressen, Saufen und gute Tage, und werden Ochsen, Tyrannen im Volk, und erdichten nur Menschengesetze, dein Evangelium zu dämpfen; zu welchem allen werden sie verursacht, daß sie sehen Güter bei der Kirche, von Königen zur Erhaltung der Armen gegeben. Straf, straf, wehre, wehre, lieber Herr Gott, wehre, die Christenheit gehet darob zu Boden, es sind böse Rohrfinken.

260.
Ein anderes Gebet wider das Papsttum.

Einiger Gott, ein Vater unsers lieben Herrn Jesu Christi, ein Gott der Wahrheit und Vater alles Trostes und Freuden, vollführe du dein angefangenes Werk und bringe es gewaltiglich zum Ende, zu deines Namens Lob und Ehre und aller Gläubigen Seligkeit, zum endlichen Urteil und Strafe des Papsttums und seiner Abgötter, des Satans samt seinen Engeln. Amen.

261.
Ein Seufzer wider den Greuel der Messe und Abgötterei im Papsttum.

Ach Gott vom Himmel, ist das nicht zu hoch und zu viel Übermacht, willst du nicht auch einmal drein sehen? Schreiet das nicht zu dir gen Himmel? Wenn hat denn jemals eine Sünde gen Himmel geschrien? Sollen die nicht ungestraft bleiben, die deinen Namen lästern, wie gehen denn diese allerschändlichsten Lästerer so frei hin? Sollte der Türk und alle Plagen nicht Glück wider uns haben? Sollten doch die schier vor Sünden verzagen, die solche Lästerung täglich hören und sehen müssen, wie Loth zu Sodoma.

262.
Wider den Papst und seinen Anhang.

Ewiger Gott und Vater unsers Herrn Jesu Christi, wir bitten dich, daß du in dieser elenden und gefährlichen Zeit unsere Herzen durch deinen Geist zu rechter wahrer Buße erwecken wollest, daß wir auf dein Wort fleißig Achtung haben, dasselbe gerne hören, mit gläubigem Herzen annehmen, uns vor Ärgernis hüten, und daß es unsere ernste Meinung sei, und gedenken unser Leben zu bessern, uns vor Sünde hüten und derselben feind werden, und in rechtem Glauben den Sohn Gottes anrufen, daß der des Türken Toben und Wüten dämpfen, ferner des Papstes und seines Anhangs Anschläge, Ränke und

Vornehmen hindern, steuern und wehren wolle, auf daß die Kirche durch Krieg und Blutvergießen nicht zertrennet und zerstöret werde, und also das Licht des göttlichen Worts, welches allein uns weiset zum ewigen Leben, bei uns nicht gar ausgelöschet werde. Amen. Amen.

263.
Klage des elenden Zustandes wider die Rottengeister.

O Herr Gott, allzusehr zerrissen, allzusehr zertreten, o Herr Christe, allzu wüste und verlassen sind wir elende Menschen in diesen letzten Tagen des Zorns, unsere Hirten sind Wölfe, unsere Wächter sind Verräter, unsere Schutzherren sind Feinde, unsere Väter sind Mörder, und unsere Lehrer sind Verführer. Ach, ach, ach, wann, wann, wann will dein gestrenger Zorn aufhören?

264.
Eine andere Klage des elenden Zustandes wider die Rottengeister.

Du lieber Gott, du weißt, daß wir recht und unsere Widersacher unrecht sind, aber man kann es niemand berichten, sie lassen ihnen nichts sagen, reißen mit ihrer falschen Lehre immer mehr ein. Derhalben, lieber Gott, nimm du das Schwert in die Hand und schlage drein, und mache des Spiels ein Ende; wie denn solches oft geschieht, wenn die

Rottengeister untergehen und sie in ihren Lügen zu Schanden werden, und dagegen das göttliche Wort, das lange in Schanden und Unehren gestanden ist, wieder zu Ehren wird. Also betet auch David: Herr, schaffe mir Recht, denn ich bin unschuldig. Darum, lieber Gott, fälle du ein Urteil für uns, sprich du das Recht für uns. Amen.

265.
Noch eine andere Klage des elenden Zustandes wider die Rottengeister.

Allmächtiger, ewiger Gott, Vater unsers Herrn Jesu Christi, wir rufen dich an und bitten dich, weil unsere Feinde im Grunde nichts anderes suchen (sie färben und schmücken ihr Tun, wie sie wollen) denn Vertilgung rechter Lehre, und daß sie wieder mögen aufrichten und bestätigen des leidigen Papsttums lästerliche Greuel und Lügen: du wollest die Blutgierigen und Falschen (wie sie der Heilige Geist nennet Ps. 5, 7) in die Gruben hinunter stoßen, daß sie ihr Leben nicht zur Hälfte bringen mögen, noch ausrichten, was sie sich vorgenommen haben. Amen. Amen. Und spreche ein jeglicher, der auf den Herrn hoffet und sein Wort lieb hat, Amen, Amen.

266.
Um Einigkeit im Lande und in der Religion.

Ach Vater aller Barmherzigkeit und Trostes verleihe uns zu beiden Teilen deinen Heiligen Geist, der unsere Herzen zusammenschmelze, in christlicher Liebe und Anschlägen, allen Schaum und Rest menschlicher und teuflischer Bosheit und Verdacht ausfege, zu Lob und Ehren deines heiligen Namens und zur Seligkeit vieler Seelen, zuwider dem Teufel und Papst samt allen seinen Anhängern. Amen.

267.
Wider die Sakramentierer.

Mein lieber Herr Jesu Christe, es hat sich ein Hader über deine Worte im Abendmahl erhoben. Etliche wollen, daß sie anders sollen verstanden werden, denn sie lauten. Aber dieweil sie mich nichts Gewisses lehren, sondern allein verwirren und ungewiß machen, und ihren Text in keinem Wege können noch wollen beweisen, so bin ich blieben auf deinem Text, wie die Worte lauten. Ist etwas finster drinnen, so hast du es wollen finster haben, denn du hast keine andere Erklärung darüber gegeben, noch zu geben befohlen. So findet man in keiner Schrift noch Sprachen, daß ist deutet, oder mein Leib Leibszeichen heißen. Wäre nun eine Finsternis drinnen, so wirst du's mir wohl zugutehalten, daß ich's nicht treffe, wie du denn deinen Aposteln zugutehieltest, daß sie dich nicht verstanden in vielen Stücken, als du von deinem Leiden und Auferstehung verkündigtest, und sie doch die Worte, wie sie lauteten, behielten, und nicht anders macheten, wie auch deine liebe Mutter nicht verstand, da du zu ihr sagtest: Ich muß sein in dem, das meines Vaters ist, und sie doch einfältiglich die Worte in ihrem Herzen behielt, und nicht andere daraus machte. Also bin ich auch an diesen deinen Worten blieben: Das ist mein Leib, und habe mir kein anderes daraus machen wollen, noch machen lassen, sondern dir befohlen und heimgestellet, ob etwas finster drinnen wäre, und sie behalten, wie sie lauten, sonderlich weil ich nicht finde, daß sie wider einige Artikel des Glaubens streben. Amen.

268.
Ein anderes Gebet wider die Sakramentierer.

Ach lieber Herr Gott, erledige uns von der geistlichen Pestilenz des leidigen Satans, damit er jetzt die Welt vergiftet und beschmeißet, sonderlich durch die Sakramentslästerer und viel andere Rotten, und behalte uns in reinem Glauben und brünstiger Liebe, unbefleckt und unsträflich, auf deinen Tag, mit allen Auserwählten. Amen.

269.
Der siebente Psalm Davids, wider die Tyrannen und Verfolger. Von Dr. Luther gebetsweise gestellet.

Auf dich traue ich, Herr, mein Gott, hilf mir von allen meinen Verfolgern, und errette mich.

Ja, lieber Herr Jesu Christe, du weißt es, daß, gleich wie der Bube dem frommen David Schuld gab und fleuchete ihm als einem Bluthunde, der das Königreich dem Saul hätte genommen, also schelten mich jetzt böse Mäuler auch, als hätte ich durch Sekten, Aufruhr, Blutvergießen dem Papst sein Reich zu Schanden gemacht. Wie soll ich tun? Ihrer sind zu viel, ich weiß keinen Rat noch Hilfe, ohne allein bei dir. Darum traue ich auf dich, hilf mir, mein Herr und mein Gott, von solchen Tyrannen und Verfolgern, die wohl wissen, daß sie mich fälschlich belügen, und selbst eitel Bluthund und Mörder sind.

Daß sie nicht wie Löwen meine Seele erhaschen und zerreißen, weil kein Erretter da ist.

Sie haben's wahrlich im Sinne, lieber Herr, und grimmen wie die Löwen wider mich; keine Sache liegt ihnen so hart an, als der Luther; wenn sie den zerrissen hätten, so wären sie selig. Hier hilft kein Demütigen noch Erbitten, kein Flehen noch Beten, sondern eitel Löwengrimm und Wüten, eitel Würgen und Schaden ist da.

Herr, habe ich solches getan, und ist Unrecht in meinen Händen, habe ich Böses vergolten, die mir friedlich waren, oder meine Feinde ohne Ursache ausgezogen, so verfolge mein Feind meine Seele, und erhasche sie, und zertrete mein Leben in die Erde, und lege meine Ehre in den Staub.

Ja, mein Herr und Gott, ist meine Lehre aufrührerisch und rottisch, oder ketzerisch, wie sie sagen, und habe nicht vielmehr die rechte Einigkeit des

Glaubens und der Liebe gelehret, und die Obrigkeit und Frieden mehr gepriesen, denn sie allesamt; habe ich auch dem Papsttum mutwillig, und nicht durch ihr selbst Treiben und Hetzen, ihre Tyrannei geschwächt und ausgezogen, so sei du Richter und strafe mich ohne Gnade. Laß meine Feinde zu Ehren und mich zu Schanden werden, ihr Ding empor in den Himmel, und meine Lehre in den Abgrund der Hölle fallen. Ist aber der keines, und meine Lehre ist vor dir recht und gefällig, und doch sie nicht wollen aufhören zu wüten und zu toben,

So stehe auf, Herr, in deinem Zorn und hebe dich über den Grimm meiner Feinde, und erwecke mir das Gerichte, das du geboten hast.

Es ist bisher Gnade genug gewesen, sie wollen derselbigen schlechts nichts. Wohlan, so laß doch sehen, ob dein Zorn höher und mächtiger sei, denn ihr Grimm; laß sie anlaufen und sich stoßen, daß sie stürzen und purzeln, und bestätige damit das Gericht und Amt des Worts, das du mir befohlen, und mich dazu berufen hast; denn du weißt, daß ich mich selbst zu solchem Amt und Werk, wie der Papst und meine Feinde, nicht eingedrungen, noch dasselbe gesucht habe, sondern du hast mich hinein bracht, über und wider meine Gedanken und Wissen, durch ihr unruhiges Toben und blutdürstiges Wüten.

Und laß sich die Gemeine der Leute um dich her sammeln und um derselbigen willen komme wieder empor.

Ist doch mein herzlich Bitten und Wunsch, mein fleißiges Lehren und Schreiben nicht anders denn dahin gerichtet, daß der elende Hauf deines Volks, so durch Menschenträume und Sekten so jämmerlich zertrennet und zerjagt, und wie eine Herde Schafe zerscheucht und verirret waren, wiederum zu dir versammelt und von den Rotten allenthalben zu dir bekehret werden, in dem einigen Glauben und Geist dich erkenneten als ihren einigen Hirten und Meister, und Bischof ihrer Seelen. Um welcher willen ich auch noch bitte, du wollest dich und dein Wort erhöhen und erhalten durch unser Amt, auf daß sie bei dir und um dich in solchem einigen Glauben bleiben mögen; denn ich ja nicht gesuchet habe, daß sie an mir hangen sollten, oder ich ehrlich und hoch werde, sondern zu dir habe ich sie gewiesen und an dich gehänget, daß du hoch empor, herrlich und löblich unter ihnen sein solltest.

Der Herr richte das Volk.

Du bist allein Richter, Meister, Lehrer, Prediger im Volk; wir aber sind nur deine Werkzeuge. Wir pflanzen und begießen, du bist das Gedeihen.

Richte mich, Herr, nach meiner Gerechtigkeit und Frömmigkeit.

Wiewohl ich vor dir ein armer Sünder bin, der dein Gericht nicht leiden kann, so weiß ich doch, daß ich wider meine Feinde Recht habe und fromm bin.

Deine, meine Lehre ist recht und unsträflich, so tue ich auch am Leben ihnen kein Leid, sondern alles Gute, denn ich suche Frieden. Ich bitte für sie, aber sie wollen nicht, und verdammen beide, meine Lehre und Leben. Darum bitte ich ums Recht, richte, Urteile und beweise, daß sie mir Unrecht tun beide, am Leben und an der Lehre. Amen.

Laß der Gottlosen Bosheit ein Ende werden, und fördere die Gerechten, denn du, gerechter Gott, prüfest Herzen und Nieren.

Wollen sie nicht aufhören, so schaffe, daß sie müssen aufhören, welches da recht ist, durch dein Wort und Geist, und decke auf und mache zu Schanden ihr falsches Lehren und Leben, denn du weißt, daß ihr Herz und Nieren voller Büberei und Schalkheit ist, ob sie wohl von außen sich schmücken mit allerlei Heuchelei und gutem Schein, bei dem armen Mann Glimpf und Zufall zu finden. Solches alles wirst du tun, das weiß ich, denn

Mein Schild ist bei Gott, der dem aufrichtigen Herzen hilft.

Ich weiß, daß du mich verteidigen wirst, unsere Lehre beschirmen, und sollten die Tyrannen bersten und toll werden, denn unser Gott hilft den Aufrichtigen von Herzen und nicht den Falschherzigen und Schalkheiligen. Amen.

270.
Wider die Reformierer und Meister der Religion.

Ach Herr, daß du in die ganze Welt setzest einen Gesetzlehrer; was sind sie doch anders, denn Menschen; sie sagen, sie wissens selber wohl, daß sie Menschen seien; sie wollen aber gleichwohl Götter sein, und halten's für einen Raub, daß sie Götter seien; sie lassen sich dünken, sie haben's von ihnen selber. So sie sich aber für Menschen hielten, würden sie sich dir unterwerfen und sich nicht also erheben über das Wort, würden auch über dir nicht sein wollen. Darum gib ihnen einen Meister, daß sie das Gesetz lehren. Amen.

271.
Ein anderes Gebet wider die Reformierer und Meister der Religion.

Lieber Herr Gott, sei du Herr, regiere du, und Menschen laß nicht regieren; sie wollen sonst über dich und dein Wort und Volk regieren. Darum laß sie geurteilet werden vor dir, denn vor der Welt werden sie nicht gerichtet, sondern sie sind selber Richter. Kämen sie aber einmal vor dich und höreten dein Gericht und Urteil über sie, da weiß ich, sie sollten anders gesinnet werden. Amen.

272.
Noch ein anderes Gebet wider die Reformierer und Meister der Religion.

Herr, ich will nicht, daß meine Sache von den Menschen gerichtet werde, bei denselben habe ich schon verloren; da werde ich nichts ausrichten, denn sie verdammen. Darum richte du und vertritt meine Sache, und treibe jene zurück. Amen.

273.
Um Rache wider falsche Lehrer und Tyrannen.

Ach Herr, der du ein Gott der Rache bist, der du allein der Rächer und Strafer bist aller Bosheit, beides leiblicher und geistlicher Bosheit; brich hervor wie ein Glanz, laß dich sehen und an Tag kommen, daß dich jedermann sehe; denn Tyrannen und falsche Propheten haben überhandgenommen, die haben sich herausgetan und lassen sich sehen und gehen im Schwange; du aber schweigest stille, verbirgest dich, als wärest du begraben und könnest nicht mehr, denn du wehrest und strafest nicht solche Bosheit. Darum bitten wir, brich doch auch einmal hervor, gucke heraus und laß dein Antlitz blicken wider sie, und das billig, denn du bist ein Gott der Rache, dir gebühret ja zu rächen und zu strafen, räche dich doch selber. Ist denn Rache dein Werk und ist jetzt so hoch vonnöten, warum verbirgst du denn dich im Finstern und läßt dich so gar nicht sehen? Ist's nicht

Zeit zu richten und zu rächen, lieber Herr? hast du doch geschwiegen, bis beide Tyrannen und Ketzer obliegen, hoch herfahren, prangen als die gewonnen haben und uns ganz und gar gedämpfet, daß sie alles alleine und wir gar nichts sind. Du lässest sie so ferne kommen und überhand nehmen, daß sie sicher sind und sich schon bereits rühmen, freuen, singen und jauchzen also gewiß, daß es mit uns verloren sei; und solchen Triumph lässest du so lange währen und siehest zu? Möchte doch wohl ein frommer Mensch denken, es wäre nichts mit dir und deinem Wort. Beide, Tyrannen und Ketzer sind so gar mächtig worden, daß die Tyrannen von ihrem Ding also frei waschen und plaudern, als sei ihr Ding allein alles und unser Ding gar nichts; desselbigen gleichen die Ketzer haben sich auch auf's Waschen gegeben, daß man nichts höret, denn ihre Träume, unsere Lehre und Glauben kann kaum dafür mucken.

274.
Klaggebet wider die falschen Brüder.

Himmlischer Vater, das ist die geringste Anfechtung, daß uns die Welt hasset und verfolget, daran auch dem Satan nicht genüget: sondern unter uns selbst gedenkt er sein Mutwillen zu üben, und ob wir seinen Larven, den Papisten von außen zu stark sind, will er uns durch uns selbst von innen zertrennen und vertilgen. Das wehre ihm, Gott, unser Vater. Amen.

275.
Wider die Heuchler.

Lieber Herr, des Morgens kommen diese Heuchler, nicht daß sie beten, sie dürfen deiner auch nicht, fragen auch nicht danach, ob du sie erhörest; sie sind satt, sie sind voller Laster und voll alles Unflats, das ist, voll ihrer Gerechtigkeit, schicken sich auch nicht, kommen auch nicht zu dir, daß du sie dir eben machtest, daß sie möchten erleuchtet werden und sehen mögen; sondern vielmehr kommen sie und wollen dich machen ihres Gefallens, vergleichen dich dem Abgott ihres Herzens, wie Esaias sagt (46, 5-7) richten von dir nach ihrem Wahn und Träumen, auf daß sie nicht sehen, sondern mehr verblendet werden. Welches denn nicht geschieht eben darum, daß du nicht ein Gott bist, wie sie meinen, dem das gottlose Wesen gefällt, sondern bist feind den Übeltätern und hast ganz und gar einen Greuel an ihnen. Ich aber komme und schicke mich und ergebe mich dir zu eigen, auf daß du mich deines Gefallens bereitest, daß ich von dir gelehrt, verständig und klug werde, wie ich recht von dir halten soll, auf daß ich sehe und erleuchtet werde. Jene kommen, daß sie dir ihre guten Werke und Verdienste bringen, also, daß sie mit sich ihre Sünden und Übeltaten desto größer wegtragen. Ich komme und begehre deiner Güter und bekenne meine Sünde und Arges; denn jene sind gesund und bedürfen keines Arztes, ich aber, der ich krank und schwach bin, suche einen Arzt. Amen.

276.
Um Erlösung von Heuchlern.

Gott, der du bist ein Gott meines Heils, bei dem allein mein Heil ist und nicht in mir, noch in meiner Gerechtigkeit oder in irgendeiner Kreatur, erlöse mich von den Kindern des Bluts, die ihre Seligkeit in ihre Frömmigkeit setzen und darum dieser Lehre widerstreben, die allein die Sünder bekehret. Amen.

277.
Um Erkenntnis der Sünden.

Lieber Gott, regiere du mich, daß ich mit geistlichen Augen meine angeborene Seuche und Schwachheit erkenne und bekenne, und also zur rechten Erkenntnis Christi geführt und durch deinen Heiligen Geist regieret, gereiniget und geheiliget werde. Amen.

278.
Ein Gebet, wie sich ein armer Sünder vor Gott demütigen soll.

Herr Gott, ich bekenne dir meine Schwachheit und spreche mit dem Propheten: Herr, du bist unser Vater, wir sind dein Ton, du bist unser Töpfer und wir alle sind deiner Hände Werk. Weil du denn sagest, ich sei ein Sünder, will ich dir Recht lassen und gerne dieses sündlich verdammte Wesen, so in meinem Fleische und in der ganzen Natur verborgen, bekennen; auf daß du Recht behaltest in deinen Worten und gepriesen werdest, ich aber zu Schanden werde; auf daß du gerecht und das Leben seiest, ich aber samt allen Menschen nichts denn Sünde und Tod; auf daß du das höchste Gut seiest, ich aber samt allen Menschen das ärgste Unglück und Herzeleid. Solches bekenne ich und habe es nicht aus meiner Vernunft, sondern aus deinem Gesetz und Zusagung gelernt; denn meine Vernunft wollte gern ihre Untugend und gottlos Wesen nicht an den Tag kommen lassen, sondern decken und verbergen, ja auch schmücken; aber es ist mir mehr gelegen an dem, daß deine Ehre bestehe und vermehret werde. Amen.

279.
Klage über die Erbsünde.

Siehe Herr, so wahr ist's, daß ich vor dir ein Sünder bin, daß auch Sünde meine Natur, mein anhebendes Wesen, mein Empfängnis ist, schweige denn die Worte, Werke und Gedanken und nachfolgend Leben. Ein böser Baum bin ich, und von Natur ein Kind des Zorns und der Sünden; und darum so lange als dieselbe Natur und Wesen in und an uns bleibet, sind wir Sünder und müssen sagen: erlaß uns unsere Schuld. Amen.

280.
Wenn man in rechte Erkenntnis der Sünde kommt.

Lieber Gott, ich bekenne mich vor dir einen großen Sünder, und die zehn Gebote treiben mich und stoßen mich zur Höllen; aber das lehret mich das liebe Evangelium, daß dieses für die höchste Weisheit zu achten sei, wissen und gläuben, daß du also gesonnen seist und ein solch Reich durch Christum gestiftet habest, daß du wollest gnädig sein und helfen den armen verdammten Sündern. So knüpfe ich nun aneinander in ein Wort und Bekenntnis: ich bin ja ein Sünder, aber doch ist mir Gott gnädig; ich bin dein Feind, aber du bist nur mein Freund; billig würde ich verdammt, aber doch weiß ich, daß du mich nicht willst verdammen, sondern selig und zu einem Erben im Himmel haben. Ja, das willst du, das hast du mir predigen lassen und befohlen zu glauben, um deines lieben Sohnes willen, den du für mich gegeben hast. Amen.

281.
Beichte zu Gott.

Herr, ich kann meine Sünden nicht zählen, die ich getan habe und noch tue, sondern habe sie des mehren Teils vergessen, sehe sie auch nicht gegenwärtig. Denn was in mir und allen meinen Kräften ist, außer der Gnade, ist alles Sünde und verdammt. Soweit nun Gnade und Glauben regieret, so bin ich fromm, durch Christum; wo sich aber solches wendet, so weiß und bekenne ich, daß nichts Gutes bei und in mir ist. Da ist es gar in einem Haufen auf einem Knäul, wenn ich gleich lange aufwickele, so finde ich doch nichts anderes; da ist nichts Gutes was ich rede, denke, tue und lebe, ohne deine Gnade und göttliche Kraft, wenn ich gleich aller Mönche Heiligkeit hätte. Amen.

282.
Eine andere Beichte zu Gott.

Ach mein Gott, ich armer Mensch, voll aller Sünde, muß an mir, meinen Werken und Kräften gänzlich verzweifeln, weiß nichts anders vorzunehmen, denn daß ich bitte und seufze nach deiner großen Barmherzigkeit, die da allein gerecht und fromm machet. Das willst du, lieber Herr, daß sich der Mensch für einen Sünder erkenne, und sein ganzes Leben nicht anders halte, denn ein Gebet, eine Begierde, ein Seufzen nach deiner Barmherzigkeit, drum, o Herr, vernimm und habe Acht auf die Stimme meines Gebets, verachte nicht meine Worte, die du hörest und merkest. Amen.

283.
Ein Seufzer zu Gott.

Lieber Herr, ich weiß von keiner Frömmigkeit in meinem Leib und Leben, sondern das ist mein Trost und Trotz vor dir, daß du einem armen Sünder gerne gibst und alle Sünden verzeihest und vergibst, aus lauter und bloßer Gnade. Amen.

284.
Ein anderer Seufzer zu Gott.

Herr, sei mir gnädig, ich bin ein armer Sünder, aber ich tröste mich deiner Gnade, daß du befohlen hast, man solle Vergebung der Sünden in deinem Namen predigen. Amen.

285.
Bekenntnis eigner Nichtigkeit.

Ach mein Herr Christe, alle mein Vermögen ist nichts, alle meine Klugheit ist Blindheit und große Torheit, alle meine Frömmigkeit und Leben ist zur Höllen verdammet; darum befehle ich mich deiner Gnade, regiere mich nach deinem Geist; laß nur nichts in mir, daß ich mich selbst regiere und klug sei, mache nur meinen Sinn und Vernunft gar zu einem Narren, und halte mich in deinem Schoß. Amen.

286.
Klage über große Unwürdigkeit.

Herr, rechne nicht mit mir, ich weiß doch je nicht mit meinen Werken zu bestehen. Ich will wohl gerne mich vor Sünden hüten und fromm sein, aber damit ist mir nicht geholfen; das allein hilft mir, daß du durch den heiligen Johannem hast predigen lassen, daß wir sollen selig werden durch Vergebung der Sünden. Amen.

287.
Um den wahren Glauben.

Ich danke dir, mein lieber Gott, daß ich gelernet habe, daß ich meine Sünde nicht soll angreifen mit eigener Buße, oder den Glauben anfahen mit meinen Werken und meine Sünde tilgen. Vor den Menschen dürfte ich es wohl tun, vor der Welt und dem Richter gilt es; aber vor dir, Gott, ist ein ewiger Zorn, dafür kann ich nicht genug tun, ich müßte verzagen. Darum danke ich dir, daß ein anderer für mich meine Sünde ergriffen, sie getragen und dafür bezahlet und gebüßet hat. Das wollte ich gerne glauben, es dünket mich auch fein, recht und tröstlich sein; aber ich kann mich nicht drein ergeben, ich finde in meiner Kraft nichts, das ich tun könnte, ich kann's nicht begreifen, wiewohl ich sollte. Herr, zeuch du mich, hilf du mir und schenke mir die Kraft und Gabe, daß ich glauben möge, wie David der Prophet im 51. Psalm seufzet: Schaffe in mir Gott ein reines Herz, und gib mir einen neuen gewissen Geist. Ein neu reines Herz vermag ich nicht zu machen, es ist dein Geschöpf und Kreatur. Gleichwie ich die Sonne und Mond nicht machen kann, daß sie aufgehen und hell scheinen am Himmel, so wenig kann ich auch verschaffen, daß das Herz rein sei und ich einen gewissen Geist, einen starken festen Mut habe, der steif sei und nicht zappele, zweifele oder wackele an deinem Wort. Amen.

288.
Wider den Unglauben.

O Herr, mehre uns den Glauben; ich wollte wohl von Herzen gern dich für meinen herzlieben Vater, und Christum für meinen Bruder halten, aber mein Fleisch will leider nicht folgen. Darum hilf meinem Unglauben, daß ich deinem Namen möge die Ehre geben, und dein Wort für wahr halten. Amen.

289.
Kurze Andacht, wenn man um Vergebung der Sünden bitten will.

Ach Herr, ich habe viel und oft gesündiget, jetzt in dem, jetzt in einem andern. Nun kömmt die Strafe nicht, sondern verzieht; was bedeutet es aber? Gewißlich anderes nichts, denn das: ob die Strafe gleich verborgen ist, sie doch gewißlich kommen wird. Drum, lieber Vater, vergib, ich will ablassen und mich bessern. Amen.

290.
Appellation eines bußfertigen Sünders von Gottes Richterstuhl zu seinem Gnadenthron.

O lieber Herr, wir können nicht mit dir rechten noch vor Gericht handeln, wir wollen auch nicht von unserer Gerechtigkeit oder Sünde vor dir handeln; denn wenn du, Herr, die Sünde willst zurechnen und uns vor Gericht fragen, ob wir fromm und gerecht sind, so ist's mit uns verloren. Darum so wollen wir von solchem Gerichte zu dem Stuhle deiner Barmherzigkeit appellieren und unsere Zuflucht zu deiner Güte nehmen. Haben wir nun was Gutes getan, so ist's aus deiner Gnade geschehen. Wende derwegen die Augen deiner göttlichen Barmherzigkeit, nicht der Gerechtigkeit deines gestrengen Gerichts zu uns; denn wenn du die Sünde uns wirst zurechnen oder dieselbige sehen, so wird keiner selig. Vater Unser.

291.
Eine andere Appellation eines bußfertigen Sünders.

Lieber Herr, vor der Welt bin ich wohl unschuldig und sicher, daß sie mich nicht strafen, noch vor den Richter führen kann. Denn ob ich nicht alles getan habe, so begehre ich doch von einem jeglichen, daß er mir vergebe um Gottes willen, wie ich auch jedermann vergebe; damit habe ich sie gestillet, daß sie kein Recht wider mich hat. Aber vor dir muß ich wahrlich die Federn niederschlagen, und mich selbst aller Dinge zur Schuld bekennen und sprechen wie David im 143. Psalm: Herr, gehe nicht ins Gericht mit deinem Knecht, denn vor dir ist kein Mensch gerecht. Darum kann ich mit dir nicht handeln, wenn es soll Rechtens gelten, sondern will stracks appellieren und mich berufen von deinem Richterstuhl zu deinem Gnadenstuhl. Vor der Welt Richtstuhl lasse ich es wohl geschehen, daß man mit mir vom Recht handele, da will ich antworten und tun was ich soll; aber vor dir will ich kein Recht wissen, sondern zum Kreuz kriechen und Gnade bitten und nehmen, wo ich kann. Amen.

292.
Noch eine andere Appellation eines bußfertigen Sünders.

Herr Christe, ob ich wohl auf's allerbeste gelebt habe vor den Leuten, doch das alles, was ich getan oder gelassen, bleibe dort unter dem Richterstuhl, und gehe wie ihm Gott will. Ich aber weiß keinen andern Trost, Hilfe noch Rat meiner Seelen, denn daß du mein Gnadenstuhl bist, der du keine Sünde noch Böses getan hast, und für mich gestorben und auferstanden bist, zur Rechten des Vaters sitzest und mich zu dir nimmst unter deinen Schatten und Schutz, daß ich deß keinen Zweifel habe, daß ich vor Gott durch dich sicher sei vor allem Zorn und Schrecken. Amen.

293.
Zuflucht zur Gnade Gottes.

Aus mir bin ich verdorben; dein Geist, o Herr, muß mich heilig machen und erhalten, denn ohne den Heiligen Geist ist keine Gnade oder Gabe genugsam vor dir. Denn durch Adam und die Sünde ist solches uns allen verloren, und muß ohne Verdienst aus Gnaden wiedergegeben werden. Darum gib mir wieder ein fröhlich sicher Gewissen in deinem Heil. Amen.

294.
Eine andere Zuflucht zur Gnade Gottes.

Herr, ich nehme alle deine Güte, Wohltat und Gnade, als ein Sünder und verzweifelter Mensch, wie ich gehe und stehe des ewigen Zorns und höllischen Feuers wert, wenn du solltest nach Recht und Verdienst mit mir handeln. Aber ich sehe nicht meine Sünde, noch was ich verdient habe, sondern dein Wort und ernstlich Gebot an, daß du heißest, vermahnest und dräuest, daß niemand kein Werk vor dich bringe, etwas zu verdienen, sondern aus väterlicher Güte Vergebung der Sünde und allerlei Wohltat empfahe und in der reinen Zuversicht deiner Gnade stehe und bleibe. Amen.

295.
Trost der Gnade.

Herr, ich bin deine Sünde, du bist meine Gerechtigkeit; um deßwillen bin ich sicher. Denn meine Sünde wird deine Gerechtigkeit nicht unterdrücken, und deine Gerechtigkeit wird mich keinen Sünder bleiben lassen. Gelobet sei Gott, mein Erbarmer und Erlöser, auf dich allein vertraue ich, darum werde ich nimmermehr zu Schanden werden. Amen.

296.
Um Gnade bei Gott.

Ich bin ein armer Sünder, o Gott, vergib mir meine Sünde. Ich will gerne meines Verdienstes geschweigen, schweige du allein deines Gerichts. O Gott, ich will mit meinen Werken nichts vor dir verdienen, sondern sie allein dahin richten, daß ich damit dem Nächsten diene, und will mich an deine bloße Barmherzigkeit halten. Amen.

297.
Um herzliche Erbarmung und Vergebung der Sünden.

Ach Gott, kein Mensch noch Kreatur mag mir helfen noch mich trösten, also groß ist mein Elend; denn nicht leiblich noch zeitlich ist mein Schaden. Darum, der du Gott bist, und ewig allein mir helfen kannst, erbarme dich mein; denn ohne dein Erbarmen alle Dinge mir erschrecklich und bitter sind. Nun bitte ich aber dein Erbarmen, nicht das kleine, als du dich zeitlich über die leibliche Not erbarmest, sondern nach deiner großen Barmherzigkeit, als du dich über die Seelennot erbarmest, erbarme dich meiner und vergib mir meine Sünde. Amen.

298.
Um Vergebung der Erbsünde und Erlassung der Strafe.

Ich bitte dich, lieber Gott, für dies Übel, damit du uns gedemütigt hast, von unserer ersten Geburt her und für die bösen Jahre, in welchen wir den allgemeinen Untergang unser aller von wegen der Sünden empfunden haben; solch groß Übel bitten wir dir hiermit ab, und bitten ewige Vergebung der Sünden, daß du gar nicht nach deinem Gesetz wider dies stets während Übel verfahren wollest. Danach bitten wir auch Erledigung von der Strafe, auf daß wir nicht allein gerecht sein, sondern auch fröhlich und herzlich, wohlgemut und lustig sein mögen, und daß unsere Erniedrigung und Sünde hinweg genommen werde durch Vergebung der Sünde, und das vielfältige Übel, so wir vor Augen sehen, durch Veränderung in Freude und Heil, welches alsdann erfolgt, wenn wir von aller Strafe und Pein erlediget werden. Amen.

299.
Um Erlösung vom Fluch des Gesetzes.

Herr Gott, wer kann deine Gebote halten? Je mehr du gebietest, je weniger man tut. Wir sollten dir trauen und deine Gebote halten; das tun wir nicht, finden nichts mehr am Gesetz, denn daß nichts Gutes an uns ist. Darum hat es Moses gegeben, daß es den Fluch offenbaren soll, und wenn wir denn solches sehen und fühlen, daß wir dann anheben und sagen: Nun komme, Herr, und gib uns den Segen, erlöse uns von diesem Fluch! Das Gesetz hilft nichts zum Gewissen, der Segen muß es allein tun. Hier im Gesetz ist eitel Tod und Gottes Zorn; nun ist das Evangelium, dein Wort. Darum halte, was du gesaget hast, daß du uns den Segen gebest durch den gebenedeieten Samen, der kommen ist, der uns solches gebe und helfe vom Tode durchs Leben, von Sünde durch Gerechtigkeit. Amen.

300.
Ein anderes Gebet um Erlösung vom Fluch des Gesetzes.

Herr, strafe mich nicht in deinem Zorn, und züchtige mich nicht in deinem Grimm. Strafe mich, das bin ich wohl zufrieden, will auch gerne leiden, daß du mich züchtigest; allein tue es gar nicht in deinem Zorn und Grimm. Amen.

301.
Seufzer um Sanftmut und Friedfertigkeit.

Ach lieber Herr, gib mir ein friedlich, freundlich, sanft Herze gegen jedermann und reinige mich um Christi willen von allen meinen Sünden. Amen.

302.
Zuflucht zu Christus in Sündennot.

Lieber Herr Jesu Christe, ich fühle meine Sünden, sie beißen, jagen und erschrecken mich, wo soll ich hin? Ich sehe dich, Herr Jesu Christe, an und glaube, wiewohl schwächlich, an dich; doch halte ich mich an dich und bin gewiß, du hast gesprochen: Wer an mich gläubet, soll haben das ewige Leben. Ob nun gleich mein Gewissen beschweret ist, und die Sünden mich erschrecken und das Herze zittern machen, so heißt es doch: Sei getrost, mein Sohn, deine Sünden sind dir vergeben und du sollst das ewige Leben haben, und ich will dich auferwecken am jüngsten Tage. Amen.

303.
Eine andere Zuflucht zu Christus in Sündennot.

Ich glaube an Christum, der von der Jungfrau Maria geboren ist, gelitten und gestorben, und verlasse mich darauf, daß er selber sagt: wer zu ihm kommt, den will er nicht ausstoßen. Auf diese Worte verlasse ich mich und komme darauf zu dir, lieber Herr Christe, denn das ist dein Wille und Herz, auch dein Mund. Deine Worte sind mir genug und gewiß, ich weiß wohl, daß du mir nicht lügst, die Worte werden mir nicht fehlen: du willst die nicht verstoßen, die zu dir kommen. Ob ich schon ein Bube bin und nicht genug heilig und fromm, daß ich bestehen könnte, so bist du dennoch wahrhaftig und willst, daß ich am jüngsten Tage soll auferwecket werden. Ob ich nun nicht kann bestehen, so willst du doch, lieber Herr Jesu Christe, wohl stehen und mich nicht verwerfen. Amen.

304.
Noch eine andere Zuflucht zu Christus in Sündennot.

Ach Gott, das sind deine Worte, daß über einen Sünder, der sich bekehrt, eine größere Freude ist im Himmel, als über neunundneunzig Gerechte, und daß alle Gerechte und Engel sollen die Sünde vertreten und zudecken. Nun, ach Gott, ich bin da, daß ich meine Sünde fühle, bin schon gerichtet, mir ist nur allein eines Hirten vonnöten, der mich suchet; darum will ich mich frei auf das Evangelium erwägen. Ach Gott, ich weiß, was du gesagt hast, ich will mich an die Worte halten, ich sei das Schaaf und der Groschen, du seiest der Hirte und das Weib. Amen.

305.
Seufzer um Vergebung der Sünden.

Lieber Herr Gott, wenn ich schon gesündiget habe, so zürnest du dennoch nicht mit mir, so bist du mir dennoch nicht gram, darum, daß Christus, mein lieber Herr, mich durch seinen Tod wiederum mit dir versühnet, mir meine Sünden vergeben, seine Gerechtigkeit und Verdienst mir zu eigen geschenkt. Ich habe gelebt wie ich kann, so bitte ich dich, du wollest gar nicht mein Leben und Tun ansehen, sondern deine Barmherzigkeit und Güte, durch Christum verdienet und mir erworben, welche ich mit wahrem festen Glauben ergreife, und um derselben willen mir Gnade und Vergebung aller Sünden widerfahren lassen. Amen.

306.
Ein anderer Seufzer um Vergebung der Sünden.

Ich bin ein armer Sünder, das weißt du, mein lieber Herr, aber du hast dich mir lassen vorbilden durch deinen lieben Sohn Jesum Christum, daß du wollest mir gnädig sein, die Sünde vergeben und von keinem Zorn noch Verdammnis wissen, und heißest mich solches glauben und nicht zweifeln. Darauf verlasse ich mich. Amen.

307.
Noch ein Seufzer.

Ich glaube und bekenne, daß ich vor Gott ein armer Sünder bin und verdammet sei, und erschrecke davor von Herzen, daß ich meinem Gott je und je ungehorsam gewesen, seine Gebote nie recht angesehen noch betrachtet, viel weniger das größte oder kleinste gehalten habe. Jedoch verzweifele ich nicht, sondern lasse mich zu Christo weisen, Gnade und Hilfe bei ihm zu suchen, und glaube auch fest, ich werde sie finden. Denn er ist Gottes Lamm, von Ewigkeit dazu versehen, daß er aller Welt Sünde tragen und durch seinen Tod bezahlen soll. Amen.

308.
Ein kurzer Seufzer.

Herr, ich habe gesündiget und viel Böses getan, das ist mir leid; aber du bist nicht ein solcher Gott, der nicht ansiehet wie fromm und wie böse man ist, wenn man nur auf deine Güte siehet und trauet. Also kann man im Tode genesen, und bleiben, wie die Achte mitten in der Sündflut geblieben sind. Amen.

309.
Ein kräftiger Trostseufzer.

O Herr, ich habe deine Verheißung, daß meine Gerechtigkeit allein aus deiner Güte und Barmherzigkeit komme, welche Gerechtigkeit nichts anderes ist, denn deine gnädige Vergebung, dadurch du die Sünde und Missetat nicht willst zurechnen. Dabei bleib ich. Amen.

310.
Inbrünstiges Glaubensgebet.

Mein Herr Jesu Christe, du bist ja der einige Hirte und ich leider das verlorene Schaf, das in die Irre gelaufen ist, und ist mir angst und bange, und wollte gern fromm sein und einen gnädigen Gott und Frieden im Gewissen haben; so höre ich, daß dir ja so bange ist nach mir als mir nach dir, mir ist angst und wehe, wenn ich zu dir komme und mir geholfen wird; so bist du in Angst und Sorge und begehrest anders nichts, denn daß du mich wieder zu dir bringest. So komme nun zu mir, suche und finde mich, daß ich also auch komme zu dir und lobe und ehre dich ewiglich. Amen.

311.
Ein anderes inbrünstiges Glaubensgebet.

Lieber Herr Christe, ich weiß keinen Heiligen, ich bin ein armer Sünder und habe den Tod verdient; aber über die Sünde und Tod halte ich mich an dich und will von dir nicht weichen. Ich habe dich, lieber Herr Christe, ergriffen, du bist mein Leben; und das ist des Vaters Wille, daß die an dir hangen, das ewige Leben haben und von den Toten sollen auferstehen oder auferwecket werden, es gehe mir darüber wie es wolle. Denn wenn sonst alles den Stich nicht hält, der Glaube an dich muß aushelfen. Amen.

312.
Noch ein anderes inbrünstiges Glaubensgebet.

Ich bin unerschrocken, denn ich habe Gottes Sohn, welchen mir Gott aus Liebe geschenkt. Das kann mir nicht fehlen, denn da stehet Gottes Wort, das heilige Evangelium, welches davon zeuget, daß nämlich, wie Christus selber spricht, Gott die Welt also geliebt, daß er seinen eingeborenen Sohn gab, auf daß alle, die an ihn gläuben, nicht verloren gehen, sondern das ewige Leben haben sollen. Dein Wort aber, o Herr, und dein Sohn, Jesus, werden mich nicht betrügen; auf denselben traue und baue ich. Wo ich aber nicht stark genug bin im Glauben, so gib doch Gnade, daß ich fester glaube; denn sonst kann ich zu solchem hohen Geschenk und Liebe nichts tun. Amen.

313.
Beichte aus dem Katechismus.

Ich armer Sünder bekenne mich vor Gott aller Sünden schuldig, insonderheit bekenne ich vor euch, daß ich ein Knecht, Magd etc. bin. Aber ich diene leider untreulich meinem Herrn, denn da und da habe ich nicht getan, was sie mich hießen, habe sie erzürnet und zu fluchen beweget, habe versäumet und Schaden lassen geschehen. Bin auch in Worten und

Werken unscheinbar gewesen, habe mit meines Gleichen gezürnet, wider meine Frau gemurret und gefluchet. Das alles ist mir leid, und bitte um Gnade, ich will mich bessern.

Ein Herr oder Frau sage also:
Insonderheit bekenne ich vor euch, daß ich mein Weib, Kind und Gesinde nicht treulich gezogen habe zu Gottes Ehren. Ich habe geflucht, böse Exempel mit unzüchtigen Worten und Werken gegeben, meinem Nachbar Schaden getan und übel nachgeredet, zu teuer verkauft, falsche und nicht ganze Ware gegeben. Und was er mehr wider die Gebote Gottes und seinen Stand getan etc.

314.
Nach der Beichte. Danksagung nach der Absolution.

Lieber Gott, der du mir neben deinem heiligen Worte gewisse Wahrheit gegeben hast, mich zu versichern, daß meines Herrn Christi Leben, Gnade und Himmel, darinnen er ist, meine Sünde, Tod und Hölle, mir zugute, alle ganz und gar aufgehoben habe. Solche Verheißung wirst du mir gewiß halten, darauf bin ich so gewiß, daß die Worte, damit mich der Kirchendiener von Sünden losgesprochen hat, so fest und kräftig sein, als ob ich sie von dir, o Gott, selbst gehört hätte. Ist's nun Gottes Wort, wie es denn ist, so muß und wird's gewiß geschehen und auch ergehen; darauf beruhe ich und in solcher Hoffnung und Vertrauen will ich sterben. Amen.

315.
Eine andere Danksagung.

O gütiger Heiland, wie weislich hast du es angegriffen, du bist ja mein Bruder, das weiß ich, wie im Psalm stehet: Ich will deinen Namen predigen meinen Brüdern. Ob du nun gleich Gott bist, mein Herr Christe und gleich ein König Himmels und der Erden, so kann ich mich nicht vor dir fürchten; denn du bist mein Gesell, mein Bruder, mein Fleisch und Blut. Ich laß mich das nicht irren, daß ich ein Sünder bin und du heilig, denn wäre ich nicht ein Sünder gewesen, so hättest du nicht dürfen für mich leiden. Darum bin ich getrost; ich sehe auch, wie in deinem Stammregister Fromme und Böse beschrieben werden, auf daß du ja trösten möchtest die furchtsamen und blöden Gewissen, daß sie frisch auf dich vertrauen, als hättest du unsere Sünde hinweggenommen, wie du sie denn hinweggenommen hast. Und daß wir deß gewiß würden, hast du uns dein Wort hier gelassen, welches uns dasselbe gewiß zusagt. Ich danke dir derwegen, daß du mir meine Sünden vergeben, dir sei Lob in Ewigkeit. Amen.

316.
Noch eine andere Danksagung.

Lieber Herr Gott, was wir haben und brauchen, ist alles dein, wir haben's ja nicht gemacht, wir haben's nicht von uns, noch aus uns selbst, sondern du hast es uns gegeben; das aber ist sonderlich dein eigen Werk und Barmherzigkeit, daß wir dem Teufel entlaufen, von Sünden frei und ledig worden sind. Derohalben gebühret dir allein Ehre davon, und nicht mir. Lieber Herr Jesu Christe, ich lasse mir genügen, daß ich an dir meinen süßen Erlöser und Hohenpriester habe, dich will ich loben und preisen so lang ich lebe. Amen.

317.
Um ein neues Leben.

Wende, o Herr, unser Gefängnis, das ist: erlöse uns, die wir sind Erstlinge deiner neuen Kreatur, auf daß gleich wie die Erlösung durch Christum vollkömmlich und zu guter Genüge geschehen ist - daß wir es auch so rechtschaffen und zu guter Genüge ergreifen und in uns befinden mögen; und wie durch deine mächtige Hand das Meer vom dürren Winde vertrocknet ist, also laß ausdürren Alles, was von unserem Gefängnis übrig ist, daß es Alles vergehe und verzehret werde, wie die Bäche, die im Winter fließen, und im Sommer versiegen müssen. Amen.

318.
Ein anderes Gebet um ein neues Leben.

Lieber Herr Jesu Christe, der du dein Werk in uns angefangen hast, mehre und vollführe dasselbe mit Gnaden auf den Tag deiner herrlichen Zukunft, daß wir mit Freuden dir entgegenlaufen, und ewiglich bei dir bleiben mögen. Amen.

319.
Zusage eines neuen Lebenswandels.

Herr Christe, ich bleibe bei dir, und hange an dir, oder glaube an dich, denn du bist's allein, und dann will ich hingehen, und die zehn Gebote vor mir nehmen, und in guten Werken mich üben; aber mein Hauptstück soll sein, daß ich mich an dich halten will, und daß durch dich mir das Leben geschenkt werde. Nach dem Hauptstück will ich anfahen, Gott und den Nächsten zu lieben, so viel ich kann, und alles Gute tun, und gestehe dann sicher, daß meine guten Werke mir nichts helfen. Mein Leben und Werk ist zu wenig und geringe dazu, daß ich den Tod dämpfte, die Hölle zuschlösse und den Himmel aufschlösse. Darum erhalte mich in deiner Gnade. Amen.

320.
Freudige Danksagung über die unaussprechliche Gnade Gottes durch Christus erworben.

Ach du barmherziger Gott, wie ein freundlicher, holdseliger Vater bist du doch, der du so väterlich und herzlich mit uns armen verdammten Sündern handelst, wirfst deinen einigen Sohn, Jesum Christum, dein höchstes und bestes Gut, dem Tode und Teufel in den Rachen, und verhängest, daß er in die Tiefe hinunterfähret, auf daß er wieder in die Höhe fahre und das Gefängnis, so uns alle gefangen hielt, gefangen nehme. Amen.

321.
Eine andere freudige Danksagung.

Ich danke dir, du ewiger, barmherziger Gott und Vater, daß du deinen lieben, einigen Sohn uns armen Sündern geschenket hast, der menschliche Natur angenommen, für uns gelitten, gekreuzigt und gestorben ist, und vom Tode wieder auferstanden, gen Himmel gefahren und unser Gefängnis, das uns gefangen hielt, gefangen, daß wir dadurch deine lieben Kinder und seine Brüder und Miterben aller seiner ewigen himmlischen Güter sind. Gib Gnade und deinen Heiligen Geist, daß er uns erhalte in diesem Glauben bis an unser Ende. Amen.

322.
Gebet, daß uns Gott vor ferneren Sünden behüte, und so wir sündigen, uns dieselben nicht zurechne.

O du gütiger barmherziger Gott, du lieber Vater im Himmel, du hast uns aus Gnaden und göttlicher Liebe deinen lieben Sohn geschenkt, und mit ihm alle Gnade, Heil und Seligkeit. Wir bitten dich, lieber Vater, erhalte uns solch selig Geschenk und himmlische Gabe, den freundlichen Anblick deines lieben Sohnes Jesu Christi, daß wir ihn ja nicht durch Undankbarkeit verlieren oder sonst darum kommen. Wir sind fürwahr arme, elende und gebrechliche Menschen, fallen aus einer Sünde in die andere, sündigen jetzt mit Gedanken, jetzt mit Worten, mit Werken, und hat Mühe und Arbeit mit uns, daß wir bestehen. Da ist nimmer keine Ruhe, kein Friede; der Teufel lauert auf unsere Gedanken, schürt und bläst immerzu, die Welt lauert auf unsere Wort und Werk, Wesen und Leben, und gibt uns viel Ärgernis und Ursach zu Sünden, unser eigen Fleisch feieret auch nicht, ohne was zufällige Sünden, Laster und Untugenden sind, die uns täglich überfallen, die unser Gewissen greulich beschweren, und die Freude unseres Herzens gar zunichtemachen, und in eitel Trauer und Betrübnisse verwandeln. Darum bitten wir dich, du gütiger und barmherziger Gott, ob wir vielleicht versäumlich und undankbar worden sind, und nicht so wandeln, wie wir billig wandeln sollen, so bleib du doch unser gnädiger Gott, sei uns freundlich, tröstlich, gütig und barmherzig, laß uns unsere mannigfaltigen Sünden nicht entgelten, sondern reinige durch dein Wort unser Herz und Gewissen, auf daß wir dir in Leide und Freude dienen mögen, dich loben, ehren und preisen, zeitlich und ewiglich. Amen.

323.
Vor dem Genuß des heiligen Abendmahls. Warnung Dr. Martin Luthers, daß man den Gebrauch des heiligen Sakraments nicht von einer Zeit zur andern aufschieben soll.

Wo man sich enthält vom Sakrament und braucht sein nicht, da muß der Schade folgen, und kann nicht fehlen, daß sein Glaube täglich je mehr und mehr schwach und kalt wird; daraus denn weiter muß folgen, daß er faul und kalt wird in der Liebe gegen den Nächsten, lasch und unlustig zu guten Werken, ungeschickt und unwillig dem Bösen zu widerstehen, und gewinnet also je länger je weniger Lust zum Sakrament, bis daß er's ganz überdrüssig wird an seinen lieben Heiland zu denken, und verachtet und verdirbt also in sich selbst von Tag zu Tage und wird geneigt und lustig zu allem Übel. Denn der Teufel ist da, der feiert auch nicht, bis daß er ihn fället in Sünde und Schande. Ich will zum Exempel allen, die sich wollen warnen lassen, meine selbsteigene Erfahrung hier anzeigen, damit man lerne, wie ein listiger Schalk der Teufel sei. Es ist mir etliche Male widerfahren, daß ich mir vorgesetzt habe, auf den oder den Tag zum Sakrament zu gehen. Wenn derselbige Tag kommen ist, so ist solche Andacht weg gewesen, oder sonst etwa ein Hindernis kommen, oder habe mich ungeschickt gedünkt, daß ich sprach: Wohlan, über acht Tage will ich's tun. Der achte Tag fand mich abermal ebenso ungeschickt und hinderlich, als jener. Ich dachte: Wohlan, abermal über acht Tage will ich's tun. Solcher acht Tage wurden mir so viel, daß ich wohl wäre gar davon kommen, und nimmermehr zum Sakrament gegangen. Als mir aber Gott die Gnade gab, daß ich merkte des Teufels Büberei, sprach ich: Wollen wir deß, Satan? so habe dir ein gut Jahr mit deiner und meiner Geschicklichkeit, und riß hindurch, und ging hinzu, auch etliche Mal wohl ungebeichtet (welches ich doch sonst nicht tue), zu Trotz dem Teufel, sonderlich weil ich mir keiner groben Sünden bewußt war. Und hab also bei mir selbst erfunden, wenn einer schon keine Lust noch Andacht zum Sakrament hat, und doch mit Ernst sich erwägt, dahin zu gehen, so machen ihm solche Gedanken und das Werk an ihm selbst auch Andacht und Lust genug, vertreiben auch fein solche faule unlustige Gedanken, die einen hindern und ungeschickt machen. Denn es ist ein gnadenreich kräftig Sakrament; wenn man nur ein wenig mit Ernst dran gedenkt, und sich hinzuschickt, so zündet es an, reizt und zeucht weiter ein Herz zu sich. Versuchs nur, und wo du es nicht so findest, so strafe mich der Lügen; was gilt's, du wirst auch finden, wie dich der Teufel so meisterlich genarret, und so listig vom Sakrament gehalten hat, damit er dich mit der Zeit gar vom

Glauben, und ins Vergessen deines lieben Heilandes, und aller deiner Not bringen möchte. Und wenn du sonst keine Ursach noch Not hättest, zum Sakrament zu gehen, Lieber, wäre das nicht böse und Not genug, daß du dich kalt und unlustig findest zum Sakrament? Was ist das anders, denn daß du dich kalt und unlustig fändest zu glauben, zu danken und zu denken an deinen lieben Heiland, und alle Wohltaten, die er durch sein bitter Leiden dir erzeigt hat, auf daß er dich von Sünden, Tod und Teufel erlösete, und gerecht, lebendig und selig machte? Womit willst du dich aber wider solchen Frost und Unlust erwärmen? Womit willst du deinen Glauben erwecken? Womit willst du dich reizen zu Danksagen? Willst du harren, bis es dir selber ankomme, oder der Teufel dir Raum dazu gebe, oder seine Mutter dich dahin holte? Da wird nimmermehr nichts aus. Hier an das Sakrament mußt du dich reiben, und hinzu halten, da ist ein Feuer, das die Herzen kann anzünden, da mußt du deine Not und Dürftigkeit bedenken und die Wohltat deines Heilandes hören und glauben, so wird dir dein Herz anders werden und andere Gedanken fassen.

324.
Gebet um heilige Begier und Andacht.

Mein Herr Jesu Christe, siehe an meine Unseligkeit, Elend und Dürftigkeit; ich bin dürftig und arm, und dennoch so verdrossen zu dieser deiner Arzenei, die du mir zur Vergebung der Sünden, und Seligkeit geordnet hast, daß ich mich auch nach den Reichtümern deiner Gnade nicht sehne. Derhalben, o mein Herr, entzünde in mir die Begierde deiner Gnade und den Glauben deiner Zusage, damit ich dich, meinen allerfrömmsten und allergütigsten Gott, nicht beleidige durch meinen verkehrten Unglauben und Faulheit, und würdiglich esse und trinke von dem Brot und Wein deines Leibes und Blutes, und durch diese heilsame Speis und Trank gestärket und erhalten werde zum ewigen Leben. Amen.

325.
Klage über Unwürdigkeit.

Herr, wahr ist's, daß ich nicht würdig bin, daß du gehest unter mein Dach, so bin ich doch dürftig und begierig deiner Hilfe und Gnade, daß ich auch möge fromm werden. So komme ich, auf kein anders Verlassen, denn daß ich die süßen Worte gehöret habe, daß du mich mit zu deinem Tische ladest, und sagst mir Unwürdigen zu, ich soll Vergebung aller Sünden haben durch deinen Leib und Blut, so ich's esse und trinke in diesem Sakrament. Amen. Lieber Herr, dein Wort ist wahr, da zweifle ich nicht an, und darauf esse und trinke ich mit dir, mir geschehe nach deinem Willen und Worten. Amen.

326.
Vor der Genießung des Sakraments.

Mein Herr Christe, ich bin gefallen, wollte wohl gerne, daß ich stark wäre; so hast du uns das Sakrament darum eingesetzt, daß wir unsern Glauben dadurch entzünden und stärken, und uns also geholfen werde. Darum bin ich da und will's empfahen. Herr, siehe, da ist das Wort, hier ist mein Gebrechen und Krankheit, so hast du selbst gesagt: Kommt her zu mir alle, die ihr mühselig und beladen seid, ich will euch erquicken, darum gehe ich herzu, und laß mir helfen.

327.
Ein anderes Gebet vor der Genießung des Sakraments.

Ich bin ein armer Sünder, ich bedarf Hilfe und Trost, ich will hingehen zu des Herrn Abendmahl und mich mit meines lieben Herrn Jesu Christi Leib und Blut speisen und tränken lassen. Denn du, Herr Christ, die Sakrament drum hast eingesetzt, daß alle hungrige und durstige Seelen gespeiset und erquicket werden. Du wirst mich nicht schelten, viel weniger erwürgen, wenn ich nur in deinem Namen komme, daß ich will gesegnet sein, Hilfe und Trost haben. Ach Herr, ich bin ein großer Sünder, komme derhalben jetzt zu deinem Abendmahl, und will mit dir essen, und zweifle nicht, ich werde dir ein lieber und werter Gast sein. Amen.

328.
Wenn man hinzugehet.

Herr Jesu Christe, du hast das Sakrament deines Leibes und Blutes darum eingesetzt und gelassen, daß man da Vergebung der Sünden finden soll: so fühle ich, daß ich sein notdürftig bin; ich bin in Sünde gefallen, und stehe in Furcht und Verzagen, bin nicht kühn, dein Wort zu bekennen, habe soviel und soviel Gebrechen; darum komme ich nun, daß du mich heilest, tröstest und stärkest. Amen.

329.
Bei dem Genuß des heiligen Sakraments.

Herr Christe, dein heiliger Leib stärke und bewahre mich in rechtem Glauben zum ewigen Leben. Amen.

330.
Ein anderes Gebet bei dem Genuß des heiligen Sakraments.

O Herr Jesu Christe, dein heiliges Blut stärke und bewahre mich in rechtem Glauben zum ewigen Leben. Amen.

331.
Danksagung nach dem Genuß des heiligen Sakraments.

Ach du mein Gott, ob ich wohl ein armer Sünder bin, so bin ich dennoch kein Sünder. Ein Sünder bin ich meiner selbst halber und außerhalb Christi; aber in meinem Herrn Herrn Christo und außerhalb mir bin ich kein Sünder. Denn er hat mit seinem Blute alle meine Sünde ausgetilget, wie ich festiglich glaube, derhalben ich auch deß zum Wahrzeichen getauft, auch durch Gottes Wort absolviret, und meiner Sünden frei, und ledig und los gesprochen, und mit dem Sakrament des wahren Leibes und Blutes meines Herrn Jesu Christi gespeiset und getränket bin worden, als durch gewisse Gnadenzeichen, und daß ich Vergebung der Sünden empfangen habe, die mir mein lieber Herr Jesus Christus durch sein liebes Blut verdienet, erworben und erlanget hat; deß danke ich ihm in Ewigkeit, Amen.

332.
Eine Danksagung für die geistliche Vermählung.

Lieber Gott, wie soll ich mich so hoch erheben, daß ich mich soll rühmen Gottes Braut, und Gottes Sohn mein Bräutigam? Was kann ich armer stinkender Madensack zu der großen Ehre, welche auch denen Engeln im Himmel nicht widerfahren ist, daß sich die ewige Majestät sogar mit mir vereiniget, daß sie auch ein Leib mit mir sein will? Bin ich doch so ganz, von dem Fuß an, bis an die Scheitel voll Unflats, Blattern, Grind, Aussatz, Sünde und Stank vor Gott; wie soll ich denn der ewigen, hohen, herrlichen Majestät Braut, und mit ihr ein Leib heißen? Aber weil du es so haben willst, so sei dir Lob und Dank in Ewigkeit, Amen.

333.
Eine andere Danksagung.

O Herr Jesu Christe, du hast meine Augen mir aufgetan, daß ich sehe, wie du mich durch deinen Tod von Sünden erlöset, und durch deine Auferstehung einen Erben des Himmelreichs und ewigen Lebens gemacht hast. Nun, lieber Herr, ich danke für solche große, unaussprechliche Gnade, und will wiederum auch gerne tun, was ich weiß, daß du von mir haben willst. Amen.

334.
Tröstliche Versicherung vom heiligen Abendmahl.

Lieber Gott, du hast mir zugesagt, und ein gewiß Zeichen deiner Gnaden in den Sakramenten gegeben, daß Christi Leben meinen Tod in seinem Tode überwunden habe, sein Gehorsam meine Sünde in seinem Leiden vertilget, seine Liebe meine Hölle, in seinem Verlassen zerstöret habe; dieses Zeichen, solches Zusagen meiner Seligkeit wird mir nicht lügen, noch trügen. Denn du hast gesagt, du kannst nicht lügen, weder mit Worten, noch Werken, da bleib ich auf, da sterb ich auf, Amen.

335.
Eine andere tröstliche Versicherung.

Gnade mir, du barmherziger Gott, ich bin ja ein armer sündiger Mensch und habe nichts denn Zorn verdienet; aber doch, ich habe gelebt, wie ich wollte, so halte ich mich hieher, daß ich weiß, und nicht zweifeln soll, daß ich getauft, und ein Christ genennet bin, zur Vergebung der Sünden, und daß mein Herr Jesus Christus für mich geboren, gelitten, gestorben und auferstanden ist, seinen Leib und Blut mir gegeben hat, zur Speise und Stärkung meines Glaubens. Herr Jesu Christe, ich bin in deinem Namen absolvieret und entbunden von meinen Sünden, drum kann ich nicht übel fahren, noch verloren werden, so wenig, als Gottes Wort kann fehlen, oder falsch sein: Denn Gott selbst ist mir Bürge, durch sein Wort, Amen.

336.
Klage über Fruchtlosigkeit guter Werke.

Herr Christe, ich gehe zum Sakrament, und bleibe dennoch wie zuvor, ohne Frucht. Ich habe so großen Schatz empfangen, der bleibet da bei mir liegen und ruhen, das klage ich dir. Hast du mir den Schatz gegeben und geschenket, so gib auch, daß er Frucht und ein ander Wesen in mir schaffe, sich beweise und erzeige gegen meinen Nächsten, als ich schuldig bin, Amen.

337.
Trost wider Unwürdigkeit und des Teufels Anfechtung.

Dir sei Lob und Dank, lieber Gott, es hat mir nun der Priester den Leib und das Blut meines Herrn Christi gereichet, welches ein Zeichen und Zusagung ist der Gemeinschaft Christi und aller Engel und Heiligen, daß sie mich lieb haben, für mich sorgen, litten und mit mir leiden, mich stärken, meine Sünde tragen, die Hölle überwinden, so wird es und muß also sein; das göttliche Zeichen trüget mich nicht und lasse mir es nicht nehmen. Ich wollte eher alle Welt und mich selbst verleugnen, ehe ich daran verzweifelte, mein Gott der sei mir gewiß und wahrhaftig in diesen seinen Zeichen und Zusagen. Ich sei unwürdig oder nicht, so bin ich ein Glied der Christenheit nach Laut und Anzeigung dieses Sakraments. Es ist besser, ich sei unwürdig, denn daß Gott nicht wahrhaftig gehalten werde; darum hebe dich, Satan, so du mir anders sagest. Amen.

338.
Ein anderer Trost.

Herr Gott, du hast mich durch einen Bruder absolvieret, getauft und mit deinem Leib und Blut gespeiset, mache es mit deinem Knecht wie dir's gefällt, ich will darüber nicht zürnen, noch dich lästern, sondern will alles mit Geduld ertragen, denn ich will nicht, daß dein Bund, so du mit mir in der heiligen Taufe und heiligen Abendmahl aufgerichtet, soll zunichtewerden. Ich weiß, daß ich getauft bin, daß ich den Leib des Sohnes gegessen, und sein Blut getrunken habe, daß ich von Gottes wegen absolvieret, und von meinen Sünden ledig gesprochen bin, ja, daß mir alle meine Sünden vergeben, und daß mir der Sieg verheißen wider den Teufel, Tod und Hölle. Was will ich denn nun mehr haben? Amen.

339.
Um Besserung des Lebens und neuen Gehorsam.

Christe, lieber Herr und Meister, du hast uns den rechten Sinn deines Wortes aufgetan, mehre und stärke uns denselbigen, und hilf dazu, daß wir auch darnach leben und tun; dir sei Lob und Dank, samt Vater und Heiligen Geist, in Ewigkeit, Amen.

340.
Ein anderes Gebet um Besserung des Lebens.

O Vater, laß mich nicht dahin fallen, daß es nach meinem Willen gehe, brich meinen Willen, wehre meinem Willen, es gehe mir, wie es wolle, daß mir's nicht nach meinem, sondern nach deinem Willen gehe; denn also ist es im Himmel, da kein eigner Wille ist, daß dasselbe auch so sei auf Erden. Amen.

341.
Ein anderes Gebet um Besserung des Lebens.

O Gott, Vater aller Barmherzigkeit, gib uns, durch Christum, deinen lieben Sohn, den Geist der Einigkeit und Kraft, zu tun deinen Willen, Amen.

342.
Noch ein anderes Gebet um Besserung des Lebens.

Ach Gott, Vater aller Gnaden, aller Weisheit und Vermögens, ich bitte dich, gib deinen Heiligen Geist reichlich, zu tun und zu schaffen, was dir wohl gefället, in Christo deinem Sohn, Amen.

343.
Um Anstellung eines christlichen Lebens.

Ach hilf, Gott, daß mein Leben recht angestellet sei! Ich bin nicht so gar rein, ohne Sünde; aber den rechten Weg habe ich angefangen zu gehen, wiewohl ich noch schäbig und krätzig bin, und viel Sünd und Gebrechlichkeit in mir sind. Ich komme eben darum, daß du mich fromm machest, und mir helfest, Amen.

344.
Ein anderes Gebet um Anstellung eines christlichen Lebens.

Lieber Gott, gib uns allen, daß wir auch leben wie wir lehren, und die Worte auch in die Tat bringen. Unser sind viel, die da sagen: Herr, Herr! und loben die Lehre; aber das Tun und Folgen will nicht hernach. Lasse nicht durch uns selbst das heilige Wort Gottes verunheiliget werden, Amen.

345.
Um Gnade, Gottes Willen zu vollbringen.

Barmherziger Gott, der du uns wiederum deiner Gnaden Licht hast lassen aufgehen, durch Jesum Christum unsern Herrn, erleuchte, ermahne und stärke unsere Herzen, mit Kraft deines Heiligen Geistes, im festen Glauben und feuriger Liebe, in allen Dingen zu tun, was dein väterlich, gnädiges Wohlgefallen ist, zu Ehren und Lob deines heiligen Evangelii, zu Trost und Nutz aller Gläubigen in Christo, dir sei Dank, Lob und Preis ewiglich, Amen.

346.
Um Erkenntnis aller göttlichen Wohltaten.

Herr Gott, himmlischer Vater, von dem wir ohne Unterlaß allerlei Gutes gar überflüssig empfahen, und vor allem Übel ganz gnädiglich behütet werden, wir bitten dich, gib uns durch deinen Geist solches alles mit ganzem Herzen im rechten Glauben zu erkennen, auf daß wir deiner milden Güte und Barmherzigkeit hier und dort ewiglich danken, und dich loben durch Jesum Christum, deinen Sohn, unsern Herrn, Amen.

347.
Um göttliche Regierung.

Wir danken dir, Herr Gott Vater, für deine unaussprechlich unerschöpfliche Gnade und Liebe gegen uns, und bitten dich, daß wir wahrhaftiglich also mögen erbauet werden, damit wir dir auch, als schöne Lustgärtlein, gefallen mögen, auf daß viel Leute unserer Früchte genießen mögen, und durch uns zu Gottesfurcht erweckt und geladen werden, Amen.

348.
Dr. M. Luthers Gebet für Deutschland.

Ach Herr Gott, laß dich erbarmen über das arme Deutschland, steure dem Teufel, steure dem Teufel, nach deiner großen Gewalt, schütze deine Kirche wider deine Feinde! O Vater, verkläre deinen Sohn, siehe nicht an unsere Sünde! Gib uns deinen Heiligen Geist, und wahrhaftig rechtschaffen Bekenntnis deines reinen Worts in deiner Furcht. Amen.

349.
Um Gottes Gnade.

Du lieber Vater im Himmel, du hast dich in deinen göttlichen Werken gegen deine Knechte und Kinder erzeigt als ein gerechter, getreuer Helfer und Heiland, indem du in dem göttlichen Rat beschlossen hast, den mördlichen Schaden der Erbsünde und ihre Strafe, den ewigen Tod, durch den Tod deines lieben Sohnes hinweg zu nehmen. Dieweil nun dies wahrhaftig vor Augen ist, so bleib uns freundlich, erfreue die Seele deiner Knechte, ja deiner armen elenden Kinder, die ohne Unterlaß zu dir schreien; mach unser Herz fröhlich und stelle unser Gewissen zufrieden, auf daß wir uns vor deinem Antlitz nicht fürchten, sondern sicher und gewiß seien, daß du uns freundlich und gnädig seiest, und dir all unser Tun, Gedanken, Wort und Werk lassest gefallen und angenehm sein. Amen.

350.
Ein anderes Gebet um Gottes Gnade.

O du gütiger, barmherziger Gott, wir haben bisher gebeten, du wollest uns freundlich sein, und uns diene göttlichen Werke erzeigen, zu welchen wir nichts können tun noch helfen, sondern sind nur Anschauer deiner Werke, und können nicht anders denn nur von deiner milden Hand solche deine himmlische Gnade und Gabe nehmen und empfahen. Wir können dir nichts geben, denn es ist vorhin alles dein.

Die Erde ist des Herrn und was darinnen ist. Nehmen müssen wir, sonst sind wir verloren. Denn es heißt: Aller Augen warten auf dich, Herr, und du gibst ihnen ihre Speise zu deiner Zeit. Dieweil du denn solche deine göttlichen Werke an uns gnädiglich gewirket hast, und uns von Teufel, Tod, Sünde und Hölle erlöset, so kommen wir nun auch vor dich mit unseren armen, elenden Werken, die du uns beide, im geistlichen und weltlichen Regiment aufgeleget hast, und bitten, du wollest sie bei uns fördern und handhaben, also, daß sie dir wohlgefallen und angenehm sein mögen. Amen.

351.
Um Erhaltung bei dem Guten.

Lieber Vater, behüte uns vor aller falschen Lehre, daß wir bei deinem reinen und lautern Evangelio bleiben, dadurch wir auch heilig werden. Laß uns nicht davon fallen, noch geraten auf falsche, scheinende Heiligkeit; denn es ist doch sonst verloren, wo du nicht hältst. Denn der Teufel ist zu schalkhaftig, und der Schein und Ärgernis falscher Lehre ist zu groß, daß nicht möglich ist, mit all unserer Klugheit und Kraft zu überwinden, und
dein lieber Sohn Christus selbst sagt, daß auch die Auserwählten kaum entgehen, daß sie nicht in Irrtum verführet werden. Amen.

352.
Um Abwendung alles Übels.

O allmächtiger Gott, wer ist wie du bist? der du die Sünde vergibst und erlässest die Missetat den Übrigen deines Erbteils, der du deinen Zorn nicht ewiglich behältst, denn du willst barmherzig sein. Du hast dich wieder zu uns gewandt und dich unser erbarmet, du hast unsere Missetat gedämpfet und alle unsere Sünden in die Tiefe des Meeres geworfen. Solche deine Barmherzigkeit behalt uns für und für auf, daß wir im Lichte deines Worts wandeln, aller Gefahr des Teufels und der Welt entfliehen mögen, durch Jesum Christum, deinen Sohn, unsern Erlöser. Amen. Amen. Amen.

353.
Ein schöner tröstlicher Spruch von Gewißheit unserer Seligkeit.

Gott hat uns die Verheißung des Evangelii und der ewigen Seligkeit nicht können höher, fester und gewisser machen, denn mit dem Leiden und Sterben seines eingebornen Sohnes. Wenn wir nun von Herzen glauben, daß Christus, der Sohn Gottes, für uns gestorben ist, die Sünde und Tod überwunden hat, und trösten uns der Verheißung des Vaters, so haben wir den Brief vollkömmlich, und die Siegel, die heiligen Sakramente der Taufe, und des Leibes und Bluts Christi daran hangend, und sind wohl versichert und versorget. Der Himmel ist uns umsonst gegeben und geschenket, denn wir haben nichts dazu getan, noch können tun. Christus, unser Herr, hat ihn uns durch sein Blut teuer erkauft. Darüber haben wir Briefe, die ewige, unwandelbare Verheißung des Evangelii, und Siegel, das ist, wir sind getauft und empfahen, nach Christus Befehl, seinen Leib und Blut im Abendmahl, wenn wir unsere Schwachheit und Not fühlen. Gott gebe nun Gnade und helfe, daß wir die Briefe wohl verwahren, daß sie uns der Teufel nicht zerreißt, das ist, daß wir in Wohlfahrt nicht sicher, in Betrübnis nicht traurig und verzagt seien, sondern immer in Gottesfurcht leben, feste und beständig im Glauben und Bekenntnis Jesu Christi bleiben, und das heilige Vaterunser mit Mund und Herzen stets sprechen und bitten, daß Gott, um seines lieben Sohnes willen, uns und unsere Nachkommen bei der seligen Lehre des Evangelii erhalten wolle. Amen.

354.
Danksagung für alle von Mutterleib an erzeigte Wohltaten.

Herr, ehe ich noch war, lebete, webete und etwas tun konnte, warst du über mir im Mutterleibe, nahmst dich meiner, als deines Geschöpfs, gnädiglich an, sorgtest herzlich für mich und erhieltest mich wunderbarlicher Weise. Vielmehr tust du solches, treuer Menschenhüter, an mir, der ich nun ein Mensch zur Welt geboren, lebe, gehe, stehe, schaffe und durch dein Wort dich kenne, ob es wohl vor

Menschenaugen viel anders scheinet, und mein alter Adam, der mir am Hals bis in die Grube hänget, das Widerspiel fühlet. Es scheine aber und fühle sich wie es wolle, ich kehre mich nicht dran, lasse mich's auch nicht irren, sondern halte mich an dein Wort, daß du mein Herr von Mutterleib an bist; das trügt und fehlet nicht. Darauf verlasse ich mich, erwecke und stärke dadurch meinen Glauben, welcher nicht auf's Sichtbare, das zugegen ist, siehet, sondern das, welches unsichtbar ist, durch Hoffnung in Geduld erwartet. Gelobet seist du, mein Herr und mein Gott, in Ewigkeit. Amen.

355.
Gebet um den lieben jüngsten Tag, und Christi Zukunft zum Gerichte.

Hilf, lieber Herr Jesu Christe, daß der fröhliche Tag deiner heiligen Zukunft bald komme, daß wir aus der argen Welt und des Teufels Reich erlöset, und von der greulichen Plage, die wir auswendig und inwendig, beide, von bösen Leuten und unserm eigenen Gewissen, leiden müssen, frei werden. Würge immerhin den alten Sack, daß wir doch einmal einen andern Leib kriegen, der nicht so voll Sünde und zu allem Bösen und Ungehorsam geneigt sei, wie der jetzige ist, sondern der von allem Unglück, leiblich und geistlich, erlöset, ähnlich werde deinem verklärten Leibe, lieber Herr Jesu Christe, und wir also endlich kommen zu unserer herrlichen Erlösung. Amen.

356.
Seufzen nach dem jüngsten Tage.

Ach mein Herr Christe, komm doch bald mit Feuer und Schwefel vom Himmel, und mache solchem Spotten und Lästern ein Ende. Wie übermachen sie es doch so ganz unleidlich und unerträglich!

357.
Um eilende Zukunft des jüngsten Tages.

Lieber Herr Jesu Christe! das Evangelium leidet, und dein Name wird geschändet, die Christen verfolgt und ermordet, die rechte Lehre unterdrückt, und des Teufels Regiment samt aller Bosheit nimmt überhand, und alle lieben toten Christen und Heiligen liegen da in der Erde vergessen, sind zu Staub und zu Pulver geworden. So komme doch, und erzeige deine Ehre an dir selbst und an deiner Christenheit, räche deinen Namen und ihr Blut, und bring sie wieder hervor zu ihrer Herrlichkeit. Das bitten wir getrost, wie du es lehrest und unsere Not erfordert. Amen.

358.
Aller Kreaturen Seufzen nach dem jüngsten Tage.

Ach, ach, will denn nicht schier des Jammers ein Ende werden, und die Herrlichkeit der Kinder Gottes angehen?

359.
Um baldige Zukunft zum Gericht.

Lieber Herr Jesu Christe, stärke und vollbringe dein Werk, das du in uns angefangen hast, und eile ja herzu mit dem herrlichen Tage unserer Erlösung, den wir von Gottes Gnaden herzlich begehren, drum seufzen und drauf warten, in einem rechten Glauben und gutem Gewissen, damit wir gedienet haben der undankbaren Welt, an welcher keine Besserung zu hoffen ist, sondern ist ein Feind zugleich ihrer eigenen und unserer Seligkeit. Komm, lieber Herr Jesu, und wer dich liebet, spreche: Komm, lieber Herr Jesu. Amen.

360.
Sehnliches Seufzen nach dem jüngsten Tage.

Ach Herr Christe Jesu, du hast den Tag verheißen, uns zu erlösen von allem Übel. So laß ihn doch nur kommen, noch diese Stunde, wo es sein soll, und mach des Jammers ein Ende. Amen.

361.
Ein anderes Seufzen nach dem jüngsten Tage.

Herr Jesu Christe, eile doch und bringe herzu den seligen Tag, da die Hoffnung unserer herrlichen Erlösung soll erfüllet werden, denn eben darum hast du uns heißen bitten im Vaterunser: *Dein Reich komme!* Weil du uns denn solches zu bitten befohlen hast, so gib auch Gnade und hilf, daß wir's tun und daneben festiglich glauben, daß wir endlich zu solcher Herrlichkeit kommen werden. Gib auch, daß derselbe fröhliche, selige Tag unserer Erlösung und Herrlichkeit bald komme, und wir solches alles erfahren, wie wir's jetzt im Wort hören und glauben. Amen.

362.
Um rechte würdige Bereitung zum jüngsten Tage.

Lieber Herr Gott, und Vater aller Gnaden und Weisheit, verkürze uns gnädiglich diese Zeit! Begabe und bereite uns mit Weisheit und Stärke, daß wir dieweil weislich und mannhaft wandeln und der Zukunft deines lieben Sohnes Jesu Christi fröhlich warten, und von diesem Jammertal fröhlich scheiden mögen. Dir sei Lob und Dank, Ehre und Preis in Ewigkeit. Amen.

363.
Seufzer, wenn der jüngste Tag hereinbricht.

Sei mir, Gott, willkommen, mein Herr und Erlöser, und komme, wie ich oft gebetet habe, daß dein Reich zu mir kommen soll. Amen.

364.
Ein Amen aller Gebete.

Alle Gebete soll man mit einem starken Amen beschließen und sagen:
Lieber Gott, ich weiß, daß dir mein Gebet im Namen und Glauben deines lieben Sohnes gesprochen, wohlgefällt, und gewißlich erhöret ist. Amen. Amen.

Inhalt.

Wie man beten soll, für Meister Peter, Balbierer. (Auszug.)
1. Um wahre Andacht.
2. Ein anderes Gebet um wahre Andacht.
3. Um rechte Würdigkeit zu beten.
4. Um rechte Würdigkeit.
5. Danksagung, daß uns Gott zum Gebet würdig macht.
6. Trostgebet wider alle Sünde und Unwürdigkeit.
7. Gebet auf Gottes Befehl und Verheißung.
8. Ein anderes Gebet auf Gottes Befehl und Verheißung.
9. Noch ein anders Gebet auf Gottes Befehl und Verheißung.
10. Versicherung der Erhörung um Christi willen.
11. Um gnädige Erhörung.
12. Um gnädige Erhörung.
13. Ein kurzer Seufzer.
14. Gebet in Christi Namen.
15. Vor dem Vater Unser.
16. Täglicher Seufzer zur heiligen Dreifaltigkeit.
17. Morgen-Segen.
18. Gebet wenn man in der Bibel lesen will.
19. Vor dem Essen.
20. Nach dem Essen.
21. Abendsegen.
22. Eine gemeine Beichte, so Dr. M. Luther täglich, wenn er hat wollen schlafen gehen,
gesprochen.

23. Eine andere Beichte.
24. Wenn man in die Kirche kommt. (Um Erleuchtung.)
25. Ein kurzer Seufzer zu Gott dem Vater.
26. Ein anderer Seufzer zu Gott dem Sohne.
27. Vor der Epistel. (Um Erkenntnis des göttlichen Willens.)
28. Vor dem Evangelium. (Um Erkenntnis Christi.)
29. Vor der Predigt. (Um andächtige Anhörung der Predigt.)
30. Ein anderes Gebet vor der Predigt.
31. Um die Gnade des Heiligen Geistes, Gottes Wort fruchtbarlich zu hören.
32. Ein anderes Gebet um die Gnade des Heiligen Geistes.
33. Noch ein anderes Gebet um die Gnade des Heiligen Geistes.
34. Nach der Predigt.
35. Ein anderes Gebet nach der Predigt.
36. Danksagung für das gehörte Wort Gottes.
37. Eine andere Danksagung.
38. Noch eine andere Danksagung.
39. Eine weitere Danksagung.
40. Seufzer, unter Ausspendung des heiligen Abendmahls, oder bei einer Taufe.
41. Zum Beschluß der Kirchen.
42. Gebet treuer Lehrer und Prediger.
43. Gebet eines Lehrers und Predigers für sich.
44. Ein anderes Gebet eines Lehrers und Predigers.
45. Gebet eines Predigers.
46. Ein anderes Gebet eines Predigers.

47. Gebet, die heilige Schrift fruchtbarlich zu studieren.

48. Ein anderes Gebet, die heilige Schrift fruchtbarlich zu studieren.

49. Trotz und Trost eines fleißigen Predigers bei seinem Studieren.

50. Danksagung eines Predigers nach verrichtetem Amte.

51. Klage und Gebet eines Predigers über und wider seine Feinde und Lästerer.

52. Ein anderes Gebet eines Predigers über und wider seine Feinde.

53. Ein anderes Gebet eines Predigers über und wider seine Feinde.

54. Ein anderes Gebet eines Predigers über und wider seine Feinde.

55. Ein anderes Gebet eines Predigers über und wider seine Feinde.

56. Ein anderes Gebet eines Predigers über und wider seine Feinde.

57. Ein anderes Gebet eines Predigers über und wider seine Feinde.

58. Ein anderes Gebet eines Predigers über und wider seine Feinde.

59. Ein anderes Gebet eines Predigers über und wider seine Feinde.

60. Gebet eines verjagten Predigers.

61. Danksagung für erhaltene Schule.

62. Gebet eines Regenten und Oberherrn.

63. Ein anderes Gebet eines Regenten.

64. Ein anderes Gebet eines Regenten.

65. Ein anderes Gebet eines Regenten.

66. Gebet eines Regenten.
67. Gebet eines Fürsten und Regenten.
68. Ein anderes Gebet eines Regenten.
69. Gebet weltlicher Obrigkeit.
70. Gebet des vertriebenen Königs David.
71. Gebet eines Amtmanns, Juristen oder Ratsherrn.
72. Für kaiserliche Majestät.
73. Für einen christlichen Fürsten und Landesherrn.
74. Gebet Dr. M. Luthers für Kurfürst Johann Friedrich.
75. Um gute Regierung.
76. Gebet, daß die Obrigkeit das Wort Gottes ehre.
77. Ein anderes Gebet, daß die Obrigkeit das Wort Gottes ehre.
78. Gebet Dr. M. Luthers für Kurfürst Johanns, als er heftig krank war.
79. Gebet eines Kriegsobersten und Soldaten.
80. Ein anderes Gebet eines Kriegsobersten und Soldaten.
81. Gebet eines Soldaten.
82. Gebet eines Kriegsmannes bei bevorstehender Schlacht.
83. Danksagung für rechtmäßigen Beruf in einem ehrlichen Stand.
84. Gebet für einen jeden in seinem Beruf und Amt.
85. Um Gottes Segen zu seinem Beruf und Stand.
86. Um seinen Beruf fleißig abzuwarten.
87. Trostgebet in Anfechtung bei seinem Beruf.
88. Ein anderes Trostgebet in Anfechtung bei seinem Beruf.
89. Gebet eines Bauers und Ackermanns.

90. Gebet junger Leute, die sich in den Ehestand zu begeben Willens sind.
91. Um ein christlich Eheweib.
92. Ein anderes Gebet um ein christl. Eheweib.
93. Gebet eines Junggesellen um eine christliche und ehrliche Jungfrau.
94. Gebet einer Jungfrau um einen frommen und christlichen Mann.
95. Gebet der Eltern für die Kinder um glückliche und gute Heirat.
96. Gebet für neu angehende Eheleute.
97. Ein Gebet frommer und christlicher Eheleute.
98. Ein anderes Gebet frommer und christlicher Eheleute.
99. Ein christliches Hausgebet.
100. Trost für Eheleute, daß sie in einem gottgefälligen Stande leben.
101. Gebet eines Hausvaters.
102. Ein anderes Gebet eines Hausvaters.
103. Ein anderes Gebet eines Hausvaters.
104. Ein anderes Gebet eines Hausvaters.
105. In und bei beschwerlichem Haushalten.
106. Geduldige Ergebung eines Ehemannes bei Krankheit und anderm Unfall.
107. Gebet eines Knechts oder einer Magd.
108. Ein anderes Gebet eines Knechts oder einer Magd.
109. Gebet um Ehesegen oder Kinder.
110. Für Weiber in Kindesnöten.
111. Gebet der Gevattern oder Paten bei der Taufe eines Kindes.

112. Ein anderes Gebet der Gevattern oder Paten bei der Taufe eines Kindes.
113. Um gute Kinderzucht.
114. Wenn Kinder krank sind.
115. Gebet eines kranken Mannes oder Vaters, der seinen Sohn aus der Fremde zu sehen begehret.
116. Ein anderes Gebet eines kranken Mannes oder Vaters.
117. Bei allgemeinen Strafen und Landplagen.
118. Ein anderes Gebet bei Strafen und Landplagen.
119. In langwierigem Leiden.
120. Um Geduld und Überwindung.
121. Um Abwendung des Krieges.
122. Gebet in Kriegesnot (sonderlich wider die Türken).
123. Um Frieden in Kriegszeiten.
124. Ein anderes Gebet um Frieden in Kriegszeiten.
125. Um Frieden.
126. Gebet Eines, der Amts halber zur Zeit der Pestilenz nicht fliehen kann.
127. Wenn man in Sterbesläuften sich fürchtet und doch zu bleiben gebunden ist.
128. Wenn man nicht gebunden ist, sondern zu Pest- und Sterbenszeiten weicht und fleucht.
129. Für die lieben Früchte.
130. Seufzer und Gebet Dr. M. Luthers um einen gnädigen Regen.
131. In großer Not und Gefahr.
132. Ein anderes in großem Kreuz.
133. Ein anderes Gebet in großer Not.
134. Noch ein anderes Gebet in großer Not.
135. In großer Widerwärtigkeit.

136. Ein anderes Gebet in großer Widerwärtigkeit..
137. Jakobs Ermunterung unter dem Kreuz.
138. Um Geduld.
139. Trost in Armut und Mangel.
140. Um des Leibes Notdurft und Nahrung.
141. Wider die Bauchsorge.
142. Ein anderes Gebet wider die Bauchsorge.
143. Reicher Leute seliger und nötiger Denkspruch.
144. Dr. M. Luthers Gebet in seiner Krankheit zu Schmalkalden.
145. Um selige Auflösung durch ein sanftes Ende.
146. In Furcht und Schrecken des Todes und der Höllen.
147. Ein tröstlich Gebet in unserer letzten Stunde.
148. Dr. M. Luthers Gebetlein vor seinem Abschied aus diesem Jammertal.
149. In Todesnöten.
150. Testament Dr. Martin Luthers.
Katechismusgebete.
151. Das erste Gebot: Du sollst nicht andere Götter haben neben mir.
152. Das andere Gebot: Du sollst den Namen des Herrn, deines Gottes, nicht mißbrauchen.
153. Das dritte Gebot: Gedenke, daß du den Feiertag heiligest.
154. Das vierte Gebot: Du sollst deinen Vater und deine Mutter ehren, auf daß dir's wohl gehe und du lange lebest auf Erden.
155. Das fünfte Gebot: Du sollst nicht töten.
156. Das sechste Gebot: Du sollst nicht ehebrechen.
157. Das siebente Gebot: Du sollst nicht stehlen.

158. Das achte Gebot: Du sollst nicht falsch Zeugnis reden wider deinen Nächsten.

159. Das neunte und zehnte Gebot: Du sollst nicht begehren deines Nächsten Haus; du sollst nicht begehren deines Nächsten Weib, Knecht, Magd, Vieh oder alles,
was sein ist.

160. Vom Glauben. Der erste Artikel. Von der Schöpfung. Ich glaube an Gott, den Vater, allmächtigen Schöpfer Himmels und der Erden.

161. Vom Glauben. Der andere Artikel. Von der Erlösung.

162. Vom Glauben. Der dritte Artikel. Von der Heiligung.

163. Das Vaterunser.

164. Eine andere Form, das Vaterunser zu beten.

165. Vorrede des Vaterunsers. Vater unser, der du bist im Himmel.

166. Die erste Bitte: Geheiliget werde dein Name.

167. Die andere Bitte: Dein Reich komme.

168. Die dritte Bitte: Dein Wille geschehe, wie im Himmel, also auch auf Erden.

169. Die vierte Bitte: Unser täglich Brot gib uns heute.

170. Die fünfte Bitte: Vergib uns unsere Schuld, als wir vergeben unsern Schuldigern.

171. Die sechste Bitte: Und führe uns nicht in Versuchung.

172. Die siebente Bitte: Sondern erlöse uns von dem Bösen.

173. Vorrede des Vaterunsers. Vater unser, der du bist im Himmel.

174. Die erste Bitte: Geheiliget werde dein Name.
175. Die andere Bitte: Zu uns komme dein Reich.
176. Die dritte Bitte: Dein Wille geschehe, als im Himmel und auf Erden.
177. Die vierte Bitte: Unser täglich Brot gib uns heute.
178. Die fünfte Bitte: Und erlaß uns unsere Schuld, als wir erlassen unsern Schuldigern.
179. Die sechste Bitte: Und führe uns nicht in Versuchung.
180. Die siebente Bitte: Sondern erlöse uns vom Übel.
181. Um rechte Liebe zum Worte Gottes.
182. Um Stärkung und Erhaltung beim Worte Gottes für uns und unsere Nachkommen.
183. Ein anderes Gebet um Stärkung und Erhaltung beim Worte Gottes.
184. Ein anderes Gebet um Stärkung und Erhaltung beim Worte Gottes.
185. Um Beständigkeit und Erhaltung bei dem seligmachenden Wort.
186. Ein anderes Gebet um Beständigkeit und Erhaltung bei dem seligmachenden Wort.
187. Noch ein anderes Gebet um Beständigkeit und Erhaltung bei dem seligmachenden Wort.
188. Um beständige Beharrung bis ans Ende.
189. Ein anderes Gebet um beständige Beharrung bis ans Ende.
190. Um Erhaltung in der einmal erkannten göttlichen Wahrheit.
191. Ein anderes Gebet um Erhaltung in der einmal erkannten göttlichen Wahrheit.

192. Ein anderes Gebet um Erhaltung in der einmal erkannten göttlichen Wahrheit.
193. Um Beharrung in rechter Erkenntnis bis ans Ende.
194. Um Erhaltung in der wahren Kirche.
195. Um Beförderung der Kirche.
196. Um glücklichen Fortgang des Reiches Christi.
197. Um Erhaltung der Kirche Christi bis ans Ende.
198. Danksagung für die Kirche Gottes.
199. Eine andere Danksagung für die Kirche Gottes.
200. Allgemeines Gebet für alles, was beides zum geistlichen und leiblichen Regiment nötig ist.
201. Advent.
202. Advent.
203. Advent.
204. Weihnachten.
205. Epiphanias.
206. Epiphanias.
207. Maria Reinigung.
208. Maria Reinigung.
209. Maria Verkündigung.
210. Passionszeit.
211. Grün-Donnerstag.
212. Karfreitag.
213. Ostern.
214. Ostern.
215. Himmelfahrt.
216. Himmelfahrt.
217. Pfingsten.
218. Pfingsten.
219. Am Fest der heiligen Dreieinigkeit.
220. Am Fest der heiligen Dreieinigkeit.

221. Johannes der Täufer.
222. Maria Heimsuchung.
223. Michaelis oder Engelfest.
224. Michaelis oder Engelfest.
225. Michaelis oder Engelfest.
226. Gebet in Anfechtung und Trübsal.
227. Wider den Satan und seine Pfeile.
228. Ein anderes Gebet wider den Satan und seine Pfeile.
229. Ein anderes Gebet wider den Satan und seine Pfeile.
230. Noch ein anderes Gebet wider den Satan und seine Pfeile.
231. Wider die Welt.
232. Ein anderes Gebet wider die Welt.
233. Um Überwindung in aller Not.
234. Um Überwindung durch den Glauben.
235. Danksagung nach dessen Überwindung.
236. Ein Exempel, wie in geistlichen Anfechtungen der Glaube kämpft, betet und überwindet.
237. Ernstliches Gebet Dr. Martin Luthers zu Worms auf dem Reichstage anno 1521.
238. Gebet Dr. M. Luthers, unter dem Reichstage zu Augsburg anno Domini 1530.
239. Gebet eines Unterdrückten um der Wahrheit willen.
240. Ein anderes Gebet eines Unterdrückten um der Wahrheit willen.
241. Noch ein anderes Gebet eines Unterdrückten um der Wahrheit willen.
242. Um Beständigkeit im Glauben.

243. Ein anderes Gebet um Beständigkeit im Glauben.
244. Wider die Lästerer.
245. Gebet für eine vom Satan besessene Person.
246. Gebet für eine kranke angefochtene Frau, die Dr. Luther besucht.
247. Gebet für die, so um des Evangeliums willen in Armut geraten.
248. Um Erlösung und Errettung.
249. Für Ungläubige und Verführte.
250. Ernstes Gebet um Bewahrung vor Verstockung und Abfall.
251. Ein anderes Gebet um Bewahrung vor Verstockung und Abfall.
252. Gebet für die christliche Kirche und wider ihre Feinde.
253. Um Schutz der Kirche.
254. Ein anderes Gebet um Schutz der Kirche.
255. Noch ein anderes Gebet um Schutz der Kirche.
256. Der betrübten Kirche Gebet.
257. Wider den Antichrist und Papst zu Rom mit seinem Anhang.
258. Ein anderes Gebet wider den Antichrist und Papst zu Rom mit seinem Anhang.
259. Wider das Papsttum.
260. Ein anderes Gebet wider das Papsttum.
261. Ein Seufzer wider den Greuel der Messe und Abgötterei im Papsttum.
262. Wider den Papst und seinen Anhang.
263. Klage des elenden Zustandes wider die Rottengeister.

264. Eine andere Klage des elenden Zustandes wider die Rottengeister.
265. Noch eine andere Klage des elenden Zustandes wider die Rottengeister.
266. Um Einigkeit im Lande und in der Religion.
267. Wider die Sakramentierer.
268. Ein anderes Gebet wider die Sakramentierer.
269. Der siebente Psalm Davids, wider die Tyrannen und Verfolger. Von Dr. Luther gebetsweise gestellet.
270. Wider die Reformierer und Meister der Religion.
271. Ein anderes Gebet wider die Reformierer und Meister der Religion.
272. Noch ein anderes Gebet wider die Reformierer und Meister der Religion.
273. Um Rache wider falsche Lehrer und Tyrannen.
274. Klaggebet wider die falschen Brüder.
275. Wider die Heuchler.
276. Um Erlösung von Heuchlern.
277. Um Erkenntnis der Sünden.
278. Ein Gebet, wie sich ein armer Sünder vor Gott demütigen soll.
279. Klage über die Erbsünde.
280. Wenn man in rechte Erkenntnis der Sünde kommt.
281. Beichte zu Gott.
282. Eine andere Beichte zu Gott.
283. Ein Seufzer zu Gott.
284. Ein anderer Seufzer zu Gott.
285. Bekenntnis eigner Nichtigkeit.
286. Klage über große Unwürdigkeit.
287. Um den wahren Glauben.

288. Wider den Unglauben.
289. Kurze Andacht, wenn man um Vergebung der Sünden bitten will.
290. Appellation eines bußfertigen Sünders von Gottes Richterstuhl zu seinem Gnadenthron.
291. Eine andere Appellation eines bußfertigen Sünders.
292. Noch eine andere Appellation eines bußfertigen Sünders.
293. Zuflucht zur Gnade Gottes.
294. Eine andere Zuflucht zur Gnade Gottes.
295. Trost der Gnade.
296. Um Gnade bei Gott.
297. Um herzliche Erbarmung und Vergebung der Sünden.
298. Um Vergebung der Erbsünde und Erlassung der Strafe.
299. Um Erlösung vom Fluch des Gesetzes.
300. Ein anderes Gebet um Erlösung vom Fluch des Gesetzes.
301. Seufzer um Sanftmut und Friedfertigkeit.
302. Zuflucht zu Christus in Sündennot.
303. Eine andere Zuflucht zu Christus in Sündennot.
304. Noch eine andere Zuflucht zu Christus in Sündennot.
305. Seufzer um Vergebung der Sünden.
306. Ein anderer Seufzer um Vergebung der Sünden.
307. Noch ein Seufzer.
308. Ein kurzer Seufzer.
309. Ein kräftiger Trostseufzer.
310. Inbrünstiges Glaubensgebet.
311. Ein anderes inbrünstiges Glaubensgebet.

312. Noch ein anderes inbrünstiges Glaubensgebet.
313. Beichte aus dem Katechismus.
314. Nach der Beichte. Danksagung nach der Absolution.
315. Eine andere Danksagung.
316. Noch eine andere Danksagung.
317. Um ein neues Leben.
318. Ein anderes Gebet um ein neues Leben.
319. Zusage eines neuen Lebenswandels.
320. Freudige Danksagung über die unaussprechliche Gnade Gottes durch Christus erworben.
321. Eine andere freudige Danksagung.
322. Gebet, daß uns Gott vor ferneren Sünden behüte, und so wir sündigen, uns dieselben nicht zurechne.
323. Vor dem Genuß des heiligen Abendmahls. Warnung Dr. Martin Luthers, daß man den Gebrauch des heiligen Sakraments nicht von einer Zeit zur andern aufschieben soll.
324. Gebet um heilige Begier und Andacht.
325. Klage über Unwürdigkeit.
326. Vor der Genießung des Sakraments.
327. Ein anderes Gebet vor der Genießung des Sakraments.
328. Wenn man hinzugehet.
329. Bei dem Genuß des heiligen Sakraments.
330. Ein anderes Gebet bei dem Genuß des heiligen Sakraments.
331. Danksagung nach dem Genuß des heiligen Sakraments.
332. Eine Danksagung für die geistliche Vermählung.

333. Eine andere Danksagung.
334. Tröstliche Versicherung vom heiligen Abendmahl.
335. Eine andere tröstliche Versicherung.
336. Klage über Fruchtlosigkeit guter Werke.
337. Trost wider Unwürdigkeit und des Teufels Anfechtung.
338. Ein anderer Trost.
339. Um Besserung des Lebens und neuen Gehorsam.
340. Ein anderes Gebet um Besserung des Lebens.
341. Ein anderes Gebet um Besserung des Lebens.
342. Noch ein anderes Gebet um Besserung des Lebens.
343. Um Anstellung eines christlichen Lebens.
344. Ein anderes Gebet um Anstellung eines christlichen Lebens.
345. Um Gnade, Gottes Willen zu vollbringen.
346. Um Erkenntnis aller göttlichen Wohltaten.
347. Um göttliche Regierung.
348. Dr. M. Luthers Gebet für Deutschland.
349. Um Gottes Gnade.
350. Ein anderes Gebet um Gottes Gnade.
351. Um Erhaltung bei dem Guten.
352. Um Abwendung alles Übels.
353. Ein schöner tröstlicher Spruch von Gewißheit unserer Seligkeit.
354. Danksagung für alle von Mutterleib an erzeigte Wohltaten.
355. Gebet um den lieben jüngsten Tag, und Christi Zukunft zum Gerichte.
356. Seufzen nach dem jüngsten Tage.

357. Um eilende Zukunft des jüngsten Tages.
358. Aller Kreaturen Seufzen nach dem jüngsten Tage.
359. Um baldige Zukunft zum Gericht.
360. Sehnliches Seufzen nach dem jüngsten Tage.
361. Ein anderes Seufzen nach dem jüngsten Tage.
362. Um rechte würdige Bereitung zum jüngsten Tage.
363. Seufzer, wenn der jüngste Tag hereinbricht.
364. Ein Amen aller Gebete.

Quellen:

Michael Cubach/Christian Scriver
Einer gläubigen und andächtigen Seelen tägliches Bet- Buß- Lob- und Danck-Opffer, Das ist: Ein groß vollkommenes Gebeth-Buch, in allerley geistlichen und leiblichen, gemeinen und sonderbaren Nöthen und Anliegen zu gebrauchen.
Leipzig, 1739.

Gebetbuch, enthaltend die sämmtlichen Gebete und Seufzer Dr. Martin Luther's, wie auch Gebete von Melanchthon, Bugenhagen, Matthesius, Habermann, Arnd, und anderen Gott-erleuchteten Männern.
Herausgegeben vom Evangelischen Bücher-Verein.
Zweite, unveränderte Auflage.
Berlin, 1852.

Johann Christoph Reuchel
Der andächtig-betende Lutherus, oder Geistreiches Gebet-Buch in welchen alle und iede Gebete und Seuffzer, der in des seel. D. Martin Luthers geistreichen Schrifften zu finden, enthalten,...
Chemnitz, 1738.

Dr. Martin Luther's sämmtliche Werke.
Dreiundzwanzigster Band.
Erste Abtheilung.
Homiletische und katechetische Schriften.
Erlangen, 1838.